A ESSÊNCIA DO
Riso

COLEÇÃO PENSAMENTOS E TEXTOS DE SABEDORIA

A ESSÊNCIA DO
Riso

A ESSÊNCIA DA SABEDORIA DOS
GRANDES GÊNIOS DE TODOS OS TEMPOS

MARTIN CLARET

A ARTE DE VIVER

Créditos

© Copyright desta edição: Editora Martin Claret Ltda., 1998

IDEALIZAÇÃO E REALIZAÇÃO
Martin Claret

Direção de Arte
José Duarte T. de Castro

CAPA
A Inglêsa do Star no Havre (detalhe, 1899), Toulouse-Lautrec (Ver pág. 125)

Editoração Eletrônica
Editora Martin Claret

Papel
Off-Set, 65g/m^2

MIOLO
Revisão
Rosana Citino

Impressão e Acabamento
PSI7

Editora Martin Claret Ltda. - Rua Alegrete, 62 - Bairro Sumaré
CEP 01254-010 - São Paulo - SP
Tel.: (11) 3672-8144 - Fax: (11) 3673-7146

www.martinclaret.com.br / editorial@martinclaret.com.br

Agradecemos a todos os nossos amigos e colaboradores — pessoas físicas e jurídicas — que deram as condições para que fosse possível a publicação deste livro.

Impresso em 2010.

A ARTE DE VIVER

Seja profeta de si mesmo

Martin Claret

"A função derradeira das profecias não é a de predizer o futuro, mas a de construí-lo."

Somos criaturas programáveis

Caro leitor: não é por acaso que você está lendo este livro-clipping. Nada acontece por acaso. Tudo acontece por uma causa.

Possivelmente a causa de você o estar lendo seja a sua vontade de obter mais informações ou expandir a sua consciência. A causa, também, pode ser a força da minha mentalização.

Cientistas, antropólogos, psicólogos e educadores têm afirmado que o ser humano é uma criatura culturalmente programada e programável.

Eis aí uma grande verdade.

Seu *hardware* e seu *software*

Nosso cérebro e nosso sistema nervoso — o nosso hardware *(a máquina) — é mais ou menos igual em todas as pessoas. A grande diferença que faz a diferença todas as pessoas. A grande diferença que faz a diferença é o que está gravado ou programado no cérebro, isto é, o nosso* software *(o programa).*

Explicando de uma maneira extremamente simplificada, você tem três tipos de programação: 1ª- a programação genética (o instinto); 2ª- a programação sócio-cultural (família, amigos, escola, trabalho, líderes espirituais e políticos, livros, cinema, TVs, etc.); 3ª- a autoprogramação ou a programação feita por você em você mesmo.

Na primeira programação você não tem nenhum controle; na segunda, tem controle parcial; e na terceira programação você tem controle total.

É fundamental que você saiba, conscientemente, controlar o terceiro tipo de programação, ou seja, a autoprogramação.

Um método de autoprogramação humana

*Todos os livros-*clippings *da coleção* Pensamentos de Sabedoria *foram construídos para conduzir você a se autoprogramar para um estado de ser positivo, realístico e eficiente.*

Depois de longa pesquisa e vivência — análise e intuição — concluí que há, e sempre houve, um método simples e seguro de autoprogramação.

As informações adquiridas através da leitura de "historinhas", parábolas, fábulas, metáforas, aforismos, máximas, pensamentos, etc., podem, eventualmente, atingir seu subconsciente sem passar pelo crivo do consciente analítico e bloqueador. Esta prática permite, sem grande esforço, implantar em seu sistema automático perseguidor de objetivos uma programação incrivelmente poderosa e geradora de ação.

Sabemos — o grande objetivo da educação não é apenas o saber, mas a ação.

Um dos maiores Mestres de nosso tempo e um gênio na Arte de Viver, formalizou com incrível simplicidade este princípio quando ensinou: "Pedi e vos será dado; buscai e achareis; batei e vos será aberto. Pois todo o que pede, recebe; o que busca, acha; e ao que bate, se abrirá".

Hoje, em plena era da informática, com a conseqüente revolução da comunicação, estamos compreendendo esses eficientes recursos que temos inerentemente dentro de nós.

Um livro "vivo" e motivador

A coleção Pensamentos de Sabedoria *foi idealizada e construída para nos programar (autoprogramar) para a plenitude da vida. São 72 volumes de 112/128 páginas, no formato de bolso 11,5 x 18 cm com textos essencializados, de alta qualidade gráfica, periodicidade mensal, baixo custo e distribuição em nível nacional.*

Este livro começa onde o leitor o abrir. Ele não tem início nem fim. Pode continuar na nossa imaginação.

A essência da sabedoria dos grandes mestres espirituais, líderes políticos, educadores, filósofos, cientistas e empreendedores está aqui reunida de uma maneira compacta e didaticamente apresentada.

Buscamos a popularização do livro.

A foto e o pequeno perfil biográfico do autor de cada pensamento têm a função de facilitar a visualização do leitor. As "historinhas", ou "cápsulas" de informação, estão apresentadas com extrema concisão. As principais emoções e os mais importantes assuntos do conhecimento humano estão presentes nos 72 volumes. Cada título da coleção Pensamentos de Sabedoria *é um livro "vivo", motivador e transformador. Oferecemos o livroterapia.*

Uma paixão invencível

Minha permanente paixão cultural (já o disse em outros trabalhos) é ajudar as pessoas a se auto-ajudarem. Acredito ser esta minha principal vocação e missão. Quero "claretizar" as pessoas, ou seja, orientá-las no sentido de que vivam plenamente e tenham uma visão univérsica do mundo. Que sejam e que vivam harmonizadamente polarizadas.

Você tem o poder de genializar-se.

Este é o meu convite e o meu desafio lançado a você, leitor. Participe do "Projeto Sabedoria" e seja uma pessoa cosmo-pensada e auto-realizada.

"Pensar que É faz realmente SER".

Leitor amigo: vamos, juntos, construir uma poderosa força sinérgica para o nosso desenvolvimento pessoal e para o desenvolvimento de todas as pessoas de boa vontade.

Comece rompendo seus limites, modelando os grandes gênios. Visualize-se como já sendo "um vencedor do mundo".

Seja profeta de si mesmo.

A ARTE DE VIVER

BERGSON (Henri-Louis) - Filósofo e professor francês, demonstrou notável aptidão para as ciências, mas optou pela Filosofia. Doutor em Letras, recebeu o Prêmio Nobel de Literatura, em 1928. Foi membro da Academia Francesa e presidente do Comitê de Cooperação Intelectual da Liga das Nações. Durante a Primeira Guerra Mundial exerceu, também, a função diplomática. A filosofia de Bergson enfatizou a reflexão espiritualista e foi uma resposta às correntes filosóficas existentes até 1890, dominadas por idéias mecanicistas, materialistas e deterministas. Deixou muitas obras, entre elas *Matiére et Mémoire* (*Matéria e Memória*). (1859-1941)

> O riso exige uma anestesia momentânea do coração, e não tem inimigo maior do que as emoções.

A ARTE DE VIVER

Riso

Dr. Roberto Leal Boohrem

Partilhamos a nossa capacidade de rir com os nossos companheiros primatas — por exemplo, os chimpanzés "riem" se lhes fazem cócegas. O homem primitivo mostrava os dentes em sinal de agressão, ameaça ou advertência. Mas contorcendo o rosto ao mesmo tempo que produzia sons estranhos, inarticulados e ritmados, ele transformava a agressão em afabilidade, a advertência em recepção cordial. "Quer lutar?" transformava-se em "Quer brincar?"

Rir em conjunto é um modo de fortalecer os laços sociais entre as pessoas, pois o riso nos faz sair de nós mesmos e fornece o contato humano de que necessitamos para sobreviver. Mas traz outros benefícios. Quando rimos, fazemos entrar e sair mais ar dos pulmões do que durante a respiração normal e regular. Portanto, quando rimos, podemos estar introduzindo mais oxigênio no sangue, estimulando a circulação. A freqüência cardíaca aumenta também, ajudando todo o processo. Estudos de amostras de sangue colhidas enquanto as pessoas riam mostraram níveis mais elevados dos hormônios de "estimulação" — a adrenalina e a noradrenalina. Durante um acesso de riso, ficamos fisicamente mais excitados e, conseqüentemente, poderemos depois ficar mentalmente mais alertas.

Finalmente, quando rimos, experimentamos ao mesmo tempo uma explosão de atividade, seguida de um período de relaxamento em que os nossos músculos se encontram menos tensos do que estavam antes. Esses ciclos de tensão e relaxamento alternados impedem-nos sobretudo de ficar fisicamente nervosos com os problemas do dia-a-dia.

Os benefícios mentais relacionam-se mais com o nosso estado de humor do que propriamente com o ato de rir. Encarar um problema de modo divertido quebra a sensação opressiva de TENSÃO que geralmente o acompanha, e uma dificuldade intimidante torna-se repentinamente controlável.

Os psicólogos encaram o humor também como uma forma vital de lidar com os problemas do dia-a-dia. O riso ajuda a promover e a manter a saúde mental, pois as pessoas com um sentido de humor bem desenvolvido têm geralmente menos problemas emocionais do que as que sentem dificuldade em rir... em especial delas próprias.

E a saúde mental pode promover a saúde física, como revelou um estudo norte-americano realizado durante trinta anos. Os médicos observaram um grupo de homens desde a infância até a meia-idade. Descobriram que os rapazes com boa saúde mental tinham comparativamente menos doenças depois dos 40 anos. Por outro lado, os que haviam tido problemas emocionais enquanto ainda eram estudantes tinham muito mais problemas físicos quando atingiam a meia-idade. Os cientistas concluíram, a partir desses resultados, que uma boa saúde mental — revelada por um bom sentido de humor — retarda a inevitável deterioração da saúde física que vem com a idade.

O riso tem, portanto, uma história curiosa e contraditória. Originalmente um sinal de hostilidade, transformou-se em signo de atração mútua. Pessoas que riem quando estão juntas — como os maridos e as mulheres — têm mais chances de continuarem juntas. E o riso é um sinal superficial de algo mais profundo e mais significativo — reflete um modo especial de encarar o mundo que nos faz sentir melhor e pode até nos ajudar a viver mais tempo.

(In: *Dicionário de Medicina Natural*, Reader's Digest, Livros, Rio de Janeiro, 1997.)

A ARTE DE VIVER

SRI KRISHNA SWAMI - Místico hindu, especialista no ensino de *Maha Yôga*. Consta que, desde pequeno, permanecia longos períodos em meditação profunda. Isso chamou a atenção de seus pais que, após consultarem Gandhi, levaram-no à presença de Bhagavan Sri Ramana, um místico que vivia no sul da Índia. Com ele foi iniciado no misticismo. Depois de viajar por vários países, fixou-se em São Paulo, onde dedicou-se a ensinar a *Maha Yôga*, uma técnica de autoconhecimento acessível a todas as pessoas. (1935 -   )

> Na hora da vingança, ame.
> Na hora da tristeza, sorria.
> Na hora de gritar, faça silêncio.
> E na hora de morrer,
> nasça para a vida eterna.

A ARTE DE VIVER

Rarará!

O humor (ou a falta dele) pode ser decisivo para seu futuro no emprego. Muita atenção: isto não é uma piada

Marília Fontoura

Você é bem-humorado? Sabe rir de uma boa piada ou dá o devido valor a um dito espirituoso? Talvez até agora você não tenha dado a menor importância a esse tipo de questão. Nem você, nem seu chefe, nem sequer o chefe do seu chefe. Mas é bom começar a levar o humor mais a sério — essa é uma mercadoria que começa a ser valorizada pelas empresas e é um atributo indispensável para quem quiser se dar bem na carreira. Com a palavra um Ph.D. no tema, o americano Malcon Kushner, autor do livro *Um Toque de Humor* (Editora Record): "Uma cultura corporativa com senso de humor tende a ser muito mais aberta e receptiva. Ao derrubar barreiras e aproximar as pessoas, o humor promove um saudável intercâmbio de idéias dentro de uma corporação. Uma boa risada atravessa fronteiras hierárquicas, melhorando a comunicação entre posições e setores diferentes e ajudando a fazer da empresa um todo harmônico".

Aqui e lá fora, algumas empresas estão seguindo ao pé da letra as palavras de Kushner. Veja alguns exemplos:

• A Kodak criou uma "Sala de Humor" no seu escritório central em Stanford, nos Estados Unidos. O que ela contém? Livros sobre humor e criatividade, objetos jocosos e um espaço para assistir a divertidos vídeos. Também é aí que grupos de funcionários se reúnem quando estão atrás de uma boa idéia.

• Em 1996, a Elma Chips reuniu seus 300 vendedores da capital paulista num circo para a apresentação de um novo produto. Os cinco gerentes das divisões estavam fantasiados de palhaço.

• Na americana Sun Microsystems, o tempo que o candidato a um emprego demora para demonstrar o seu senso de humor numa entrevista é um dos itens considerados na hora da contratação.

• A Credicard instituiu no Brasil o dia D, na última sexta-feira de cada mês. Nesse dia, todos os funcionários das áreas de atendimento, cobrança e telemarketing podem ir trabalhar fantasiados.

Desatino? Não, não pense que o Coringa esteja espalhando o gás do riso pelos corredores das corporações. Nem que tenha ocorrido um súbito ataque de bobeira coletiva. As empresas, simples e pragmaticamente, se deram conta de que o humor pode funcionar como uma poderosa ferramenta de gestão. Suas indicações são múltiplas e recomendadas para aliviar tensões, melhorar os relacionamentos internos, incentivar a criatividade, motivar as pessoas e, como conseqüência, aumentar a produtividade.

Se você é daquelas pessoas que raramente dão um sorriso ou que se comportam como a hiena pessimista do desenho *Lippy & Hardy*, sempre repetindo "oh dia, oh vida, oh azar", eis uma má notícia: seu futuro não parece dos mais promissores. Nem pense, porém, em começar a decorar um monte de piadas. Não é desse tipo de humor que estamos falando. Você não precisa, necessariamente, ser engraçado, mas deve ver as coisas de uma maneira mais leve. Ter senso de humor é uma questão de atitude. Tudo o que você precisa é deixar vir à tona seu senso de humor.

(In: *Revista Exame*, Marília Fontoura, Editora Abril, São Paulo, 1998.)

A ARTE DE VIVER

BLAISE PASCAL - Filósofo, matemático e físico francês. Com suas teorias filosóficas de impacto, entrou em conflito com a poderosa Ordem dos Jesuítas, no século 17. Escreveu várias obras, e entre elas a mais popular é *Os Pensamentos*. Construiu a máquina aritmética e deixou vários trabalhos sobre geometria e aritmética. (1625 -1662)

"
O segredo da vida alegre e contente é estar em paz com Deus e com a natureza.
"

A ARTE DE VIVER

O único poeta do amor e do riso

Shree Rajneesh

*Amado Mestre,
Em um mundo dominado pelo ódio e pela hostilidade, pela tristeza e pelo sofrimento, você parece ser o único poeta do amor e da gargalhada. Isso não é hilariante?*

É.

É hilariante, mas alguém tem de começar.

Nós queremos que o mundo seja menos sério e mais sensível — sincero, é claro, mas nunca sério.

Nós queremos que o mundo saiba que o senso de humor é uma das qualidades mais fundamentais de um homem religioso.

Se você não puder rir, você perderá muitas coisas na vida; você perderá muitos mistérios.

Sua risada faz de você uma pequena criança inocente, sua risada une você com a existência — ao barulho do oceano, às estrelas e seus silêncio.

Sua risada faz de você a única parte do mundo que se tornou inteligente, porque somente pessoas inteligentes podem rir. É por isso que os animais não podem se dar ao luxo de rir — eles não têm a inteligência necessária.

E como a seriedade sempre tem sido considerada quase que uma necessidade para a respeitabilidade, todos se tornam sérios. Não é que as pessoas sejam sérias por alguma razão, mas agora isso se tornou sua segunda natureza; elas se esqueceram completamente de que a seriedade é uma doença, que isso significa que o senso de humor está morto em você. Caso contrário, a vida toda é tão cheia de coisas divertidas por toda parte! Se você tiver senso de humor, ficará surpreso ao notar que não existe tempo para ser triste; a todo momento uma coisa diferente está acontecendo em algum lugar.

Minha missão é seguramente trazer o riso de volta a toda a humanidade, que o esqueceu. E quando você se esquece do riso, você sempre se esquece das canções, se esquece do amor, se esquece da dança — não é que você somente se esqueça do riso. O riso tem sua própria combinação de qualidades, exatamente como a seriedade tem sua própria combinação de qualidades.

Esqueça-se do riso e você se esquecerá do amor.

Com uma cara triste, como dizer a uma mulher: "Eu te amo"? Você terá de sorrir um pouquinho.

Com uma cara séria, você não pode dizer nem mesmo a coisa mais insignificante.

As pessoas estão levando tudo tão a sério que isso se tornou um peso para elas.

Aprenda a rir mais.

Para mim, o riso é tão sagrado como a oração.

(In: *Vida - Amor - Riso,* Shree Rajneesh, Editora Gente, São Paulo, 1989.)

> A primeira coisa a ser feita é rir, pois isto estabelece a direção para o dia inteiro.

Shree Rajneesh

A ARTE DE VIVER

A importância do riso

Norman Cousins

O telefonema veio do correspondente da *Associated Press,* de sua agência em Chicago.

"Como você se sente sendo totalmente vingado?", perguntou ele.

Fiquei na mesma e lhe disse isso.

"Foi publicado um artigo, no último número do *JAMA (Journal of the American Medical Association),* fornecendo a prova científica de que você estava certo quando dizia que a risada era de grande valia no combate à doença grave", continuou ele. "Trata-se de um artigo de pesquisadores médicos suecos cujos estudos demonstram que o riso ajuda o organismo a prover sua própria medicação. Deixe-me citar o artigo: 'Uma terapia baseada no humor pode melhorar a qualidade de vida de pacientes com problemas crônicos. O riso causa um alívio imediato dos sintomas nesses pacientes'."

"Já que foi extremamente criticado por alguns médicos quando seu artigo surgiu pela primeira vez no *New England Journal of Medicine,* você deve estar se sentindo muito feliz com essa constatação."

Naturalmente que fiquei feliz com esse artigo do *JAMA.* Em *Anatomy of an illness,* publicado pela primeira vez em 1976, eu relatava minha descoberta de que apenas dez minutos de boas gargalhadas me conferiam duas horas de sono sem dor. Já que minha doença era acompanhada de grave inflamação na espinha e nas juntas, tornando doloroso, até mesmo, o virar na cama, o valor prático da risada passou a ser uma característica importante do tratamento.

O Dr. William Hitzig, meu médico particular, ficara tão fascinado quanto eu pela clara evidência de que a risada poderia ser um analgésico potente. Ele testou essa afirmação, comparando meu índice de sedimentação, antes e depois de minha reação a situações jocosas em filmes e livros. O teste de sedimentação mede a intensidade da inflamação ou da infecção no organismo. Como meu índice de sedimentação era muito alto, qualquer redução seria bem-vinda. O Dr. Hitzig me informara que apenas alguns momentos de boas risadas haviam reduzido vários pontos em meu índice de sedimentação. O que ele achava mais interessante é que a redução permanecia e tinha efeito cumulativo.

Mais encorajador ainda era o fato de que a retração da dor vinha acompanhada do correspondente aumento na mobilidade. Naquela época, pouco se sabia a respeito da capacidade do cérebro humano de produzir secreções com moléculas que causam o mesmo efeito da morfina — as endorfinas e as encefalinas. Retrocedendo, à luz desse conhecimento, chego à conclusão de que a risada tinha talvez um papel importante na ativação da liberação das endorfinas.

Ao relatar essa experiência, tive muito cuidado em afirmar que não considerava o uso da risada como um substituto para o tratamento médico. Enfatizei também que, enquanto ria, procurava trazer à baila todo tipo de emoções positivas — amor, fé, vontade de viver, alegria, propósito e determinação.

É óbvio que o que funcionava para mim poderia não funcionar para todos A pesquisa acumulada aponta para uma relação entre a risada e o aumento da imunidade, mas seria um erro verdadeiramente irresponsável sugerir que o riso — ou as emoções positivas em geral — têm valor universal e automático em quaisquer circunstâncias. As pessoas reagem de maneira diferente às mesmas circunstâncias. O que suscita o bom humor de alguém pode suscitar o mau humor de outro. O tratamento das doenças precisa ser cuidadosamente elaborado para cada paciente em particular.

Talvez seja natural, no entanto, que o papel do riso na recuperação tivesse causado tanto estardalhaço nos jornais. Fiquei surpreso com a forte impressão causada por esses relatos de que eu julgava o riso como um substituto para o verdadeiro tratamento médico. Na verdade, o motivo principal pelo qual resolvi escrever o artigo a respeito de minha doença no *New England Journal of Medicine* foi corrigir essa idéia errônea. Deixei claro que meu médico fizera parte integrante desse processo e ambos considerávamos a risada como uma metáfora para toda a gama de emoções positivas.

Talvez eu tivesse ficado bem menos na defensiva se eu soubesse, naquela época, o que sei agora. Pesquisadores de mais de uma dezena de centros médicos têm investigado os efeitos do riso no corpo humano e já descobriram um grande número de mudanças benéficas — desde a intensificação da respiração até o aumento do número de células imunológicas que combatem as doenças. Inúmeras experiências têm sido realizadas, em grande número de seres humanos, mostrando que o riso contribui para uma boa saúde. Evidências científicas vêm se acumulando para conferir veracidade ao axioma bíblico que diz: "Um coração feliz faz tão bem quanto um remédio".

De todos os dons conferidos ao ser humano pela natureza, a risada gratificante deve estar nos primeiros lugares. A reação às incongruências é uma das maiores manifestações do processo cerebral. Sorrimos à vontade, ou mesmo rimos à larga, quando topamos com o comentário de Eugene Field a respeito de um amigo "que era tão pão-duro que não permitia que seu filho tivesse mais que um ataque de sarampo". Ou com a resposta de Leo Rosten quando lhe perguntaram se ele confiava em determinada pessoa: "Confiaria mais num coelho que tivesse de entregar um pé de alface". Ou, como ainda disse Rosten: "Vamos a algum lugar onde eu possa estar sozinho". Ou, com a definição de amor de Evan Esar: "Uma comédia de Eros". Esses exemplos de jogo de palavras ilustram a capacidade da mente humana de ir além da lógica e encontrar prazer no processo.

O fator surpresa é, com certeza, um importante ingrediente do humor. Os bebês sorriem com os movimentos bruscos ou com mudanças de expressão, mostrando que falhas nas seqüências de comportamento podem causar riso. À época do cinema mudo, Hollywood construiu um império com as acrobacias inesperadas de seus comediantes sem fala —Harold Lloyd balançando-se nos ponteiros de um relógio gigante, Charlie Chaplin enredado nas entranhas de ferro de uma esteira rolante, ou Buster Keaton correndo atrás de uma zebra.

Sempre me pareceu que o riso era a forma en-

contrada pela mente humana para lidar com o incongruente. A seqüência de nosso pensamento segue determinada direção e, de repente, muda de caminho em direção ao absurdo. O repentino rompimento do fluxo lógico exige liberação. Surge, então, a reação física conhecida como riso.
(...)

(In: *Cura-te pela Cabeça - A Biologia da Esperança*, Norman Cousins, Editora Saraiva, São Paulo, 1992.)

A ARTE DE VIVER

FRIEDRICH NIETZSCHE
Escritor e filósofo, nascido no vilarejo de Rocken, na Prússia. É um dos grandes filósofos do século 19. Deixou um vasto legado em filosofia e causou perplexidade quando declarou a "morte de Deus" em uma de suas obras. Sua mais conhecida obra é *Assim Falou Zaratustra*.
(1844 -1900)

> **O homem é tão atormentado neste mundo, que foi forçado a inventar o riso!**

A ARTE DE VIVER

Arranje tempo para rir

Nancy e Dean Hoch

Os cientistas comprovam: sempre estivemos certos... rir é mesmo o melhor remédio!

Raymond A. Moody Jr., médico da Geórgia, atribui ao seu senso de humor o ter conseguido suportar o intenso trabalho na Faculdade de Medicina. Contudo, durante todos aqueles anos de estudo, os professores de Moody não mencionaram uma única vez os benefícios do riso.

"À medida que o tempo passava", relata Moody em seu livro *Laugh After Laugh: The Healing Power of Humor (Riso após Riso: O Poder Curativo do Humor)*, "acabei por sentir que a capacidade que o homem tem de rir é um indicador de saúde, tão válido como quase todas as outras coisas que os médicos examinam."

Gradualmente, muitos profissionais da classe médica estão chegando à mesma conclusão. O Dr. William Fry Jr., investigador da Universidade de Stanford, Califórnia, estudou os efeitos benéficos do riso durante mais de trinta anos. "Quando rimos", diz, "os músculos são ativados. Quando paramos de rir, esses músculos relaxam. Uma vez que a tensão muscular aumenta a dor, muitas pessoas com artrite, reumatismo e outros estados de dor se beneficiam muito com uma saudável dose de riso. Muitos dos que sofrem de dores de cabeça sentem o mesmo alívio."

Como é que conseguimos colocar mais riso em nossas vidas? Eis o que os especialistas recomendam:

Relacione-se com pessoas que riam. Nancy Alguire, professora em Clifton Park, Nova York, era tímida e tinha dificuldade de rir. Então casou-se com um homem que adorava ir ao circo. "Fiquei fascinada com os palhaços", recorda ela. "Um dia, vesti uma fantasia e pedi a um palhaço que me pintasse. Nessa tarde, minha vida mudou. Aprendi a rir e a encarar a vida de maneira diferente."

Passou então a ensinar pantomima numa escola. Até hoje, diz ela, "continuo a fazer questão de me relacionar com pessoas que gostem de viver e de rir, porque a alegria delas é contagiosa".

O riso precisa de treino. Annette Goodheart, psicoterapeuta de Santa Barbara, Califórnia, conta o caso de uma doente, pessoa preocupada por natureza. Um dia, Annette pediu à paciente que fizesse uma "lista de preocupações". Era um longo rol! "Agora leia alto essa lista, pediu-lhe Annette, "e no fim de cada item diga: Ah! Ah!." A paciente franziu a sobrancelha por um instante; mas depois fez o que lhe pediam, ficando surpreendida quando não pôde evitar o riso. Então, sentindo o ridículo daquilo tudo, riu de verdade — sua primeira gargalhada desde há muito tempo.

Na opinião de Annette, um riso forçado aciona o diafragma. "É como meter a chave na ignição de um carro", explica ela. "O motor pega e começa a trabalhar. É muito parecido com o que se passa com um riso forçado. O diafragma interpreta-o como se fosse um riso verdadeiro e, antes de a gente se aperceber, vem uma gargalhada genuína."

Mantenha um registro do riso. Há anos, o professor Hanoch McCarty, da Universidade Estadual de Cleveland, Ohio, quis compartilhar um pouco de divertimento e de riso com o filho Ethan e a filha Shayna, e teve a idéia de fazer um livro de recortes engraçados. "Demos ao livro o título de *Isto É Ridículo,* e trabalhar nele apertou os laços de nosso relacionamento", recorda McCarty.

Um livro de recortes de humor leva tempo, claro, mas manter um simples arquivo de riso pode ser fácil. Recorte os desenhos e as piadas favoritos. Arranje um bloco de apontamentos e tome nota das situações cômicas que lhe acontecem no dia-a-dia.

Patty Wooten, enfermeira de Davis, Califórnia, que dirige para os colegas seminários sobre o humor, conta uma história — que deleitou a todos — acerca de uma enfermeira no fim de um dia de muito trabalho num hospital. "Na pior hora", relembra Patty, "um doente chato tocou a campainha pela milionésima vez. 'Qual é o problema?' perguntou a enfermeira, tentando manter o bom humor. 'Essa batata aqui do meu jantar está ruim!' reclamava o paciente. Decidida a não perder o sorriso, a enfermeira pegou a batata numa das mãos e com a outra bateu nela com força. 'Batata ruim!' repreendeu. 'Ruim! Ruim! Ruim!'". O doente desatou a rir — e Patty, quando ouviu contar o caso, também.

Arranje tempo para rir. Tal como muitos vendedores, Robert McVeigh, de Pittsburgh, Pensilvânia, usa o humor com os seus clientes, e isso significa arranjar tempo para colecionar e treinar histórias divertidas. "Essa tem sido a chave para consolidar algumas sinceras e duradouras relações com meus clientes", diz Robert, citando uma frase favorita do comediante Victor Borge: "O sorriso é a distância mais curta entre duas pessoas".

Jane Nelsen, conselheira matrimonial norte-americana, tinha pouco tempo livre e achou que talvez estivesse perdendo o senso de humor... principalmente quanto ao marido e aos filhos. "Resolvi tomar providências, para que meus filhos recebessem sua dose diária de humor", diz ela.

Jane começou por colocar recados e recortes de cartuns nas lancheiras que seus filhos levavam para a escola, nos espelhos e na porta da geladeira. Em vez de mandar aos parentes cartões com felicitações, escrevia poemas humorísticos. O resto da família se tocou. "Uma manhã, acordei de mau humor; então, meu filho entrou na cozinha usando um enorme nariz de palhaço, recorda ela. "Não pude deixar de rir! Isso me fez começar o dia de maneira inteiramente diferente."

Quando precisar, ria mesmo. O comediógrafo Gene Perret, que escrevia para Bob Hope e outros artistas, conta que uma vez se sentiu subitamente doente, num aeroporto. Foi levado às pressas para uma ambulância; o enfermeiro deitou-o na maca e prendeu-o com uma correia, com a cabeça na direção do volante e uma grande garrafa de oxigênio entre as pernas. "Sente-se bem?" perguntou o enfermeiro. "Sim", respondeu Gene, "a não ser que vocês dêem uma freada brusca". Na opinião de Gene, brincar com sua própria vulnerabilidade "tornou a situação mais fácil para mim e para todos os que iam na ambulância".

Segundo o comediante Bill Cosby, com humor

podemos suavizar algumas das piores bofetadas que a vida nos dá "e, uma vez encontrado o riso", insiste ele, "por pior que seja a situação, poderemos ultrapassá-la".

O Sociólogo Gary Alan Fine, professor da Universidade de Minnesota, afirma que o riso é uma habilidade que todos podemos adquirir, porque vem naturalmente, mas também tem de ser alimentada. Talvez ninguém soubesse isso melhor que o humorista americano Will Rogers, falecido em 1935, que uma vez declarou: "Estamos neste mundo por pouco tempo; por isso, o melhor é de vez em quando dar uma boa risada!"

(In: *Seleções do Reader's Digest*, julho de l986, Tomo XXXI, n° 182.)

A ARTE DE VIVER

PAULO COELHO - Escritor brasileiro, teatrólogo e ensaísta. Nasceu no bairro de Botafogo, Rio de Janeiro. Considerado o maior fenômeno literário dos últimos tempos, no Brasil. Sua mensagem é de cunho espiritual-filosófico. Em menos de dez anos escreveu seis obras, todas *best sellers*, traduzidas para quase todas as línguas. Sua obra *O Alquimista* foi vendida para o cinema. Recentemente condecorado na França pelos méritos da sua obra literária. (1947-)

> **A melhor maneira de servir a Deus, é indo ao encontro de seus próprios sonhos. Só quem é feliz pode espalhar felicidade.**

A ARTE DE VIVER

Sorrir melhora a auto-estima

Dr. Lair Ribeiro

Outra receita de auto-estima é sorrir.
Vocês sabiam que para franzir a testa usamos 32 músculos, e para sorrir apenas 28? "Sorria, sorria, nem que seja por economia."

O sorriso é muito importante para melhorar sua auto-estima. Quando você sorri, mesmo que não esteja sentindo nada, o seu cérebro recebe uma mensagem de que está tudo bem. Existe uma conexão direta entre o sorriso e o sistema nervoso central. Quando você sorri, libera no cérebro um hormônio chamado beta-endorfina, que leva à sua mente uma mensagem positiva. Você sabia que as mulheres sorriem muito mais do que os homens? Há vários estudos que mostram isso. E como você provavelmente sabe, as mulheres vivem em média oito anos a mais que os homens. O sorriso tem a ver com isso? Claro que tem!

Num estudo realizado em hospital psiquiátrico, dois grupos de pacientes deprimidos foram submetidos à mesma terapia medicamentosa: num deles foi colocado um esparadrapo na boca, o que fazia parecer que estavam sorrindo. Este grupo apresentou uma melhoria bem mais rápida porque, ao sorrirem mesmo involuntariamente, os pacientes davam ao cérebro uma mensagem de felicidade.

Todos sabem que, por uma questão de cultura, os japoneses sorriem quando estão ao lado de uma outra pessoa. Em recente experiência, um grupo de japoneses foi colocado assistindo a um filme de terror com um cateter na veia para colher amostra de sangue para dosagem de catecolaminas (hormônios do estresse); a sua freqüência cardíaca também era medida. Duas situações distintas foram criadas: na primeira, assistiam ao filme acompanhados; quando aparecia uma cena de terror, eles olhavam para o lado e sorriam. A seguir assistiram ao filme sozinhos, não tendo para quem sorrir. Na primeira situação, o nível de catecolaminas no sangue e a freqüência cardíaca eram bem menores, demonstrando que o sorriso provocava uma reação que diminuía a liberação de hormônios do estresse.

(In: *O Sucesso não Ocorre Por Acaso*, Dr. Lair Ribeiro, Editora Objetiva, Rio de Janeiro, 1997.)

> *Os melhores médicos do mundo são os doutores Repouso, Dieta e Alegria.*

Jonathan Swift

A ARTE DE VIVER

Onze razões para sorrir

1. Um sorriso é um convite à aproximação. Uma pessoa sorridente é uma pessoa de bom astral, que é gostosa de estar junto. Portanto, nada melhor para conquistar alguém do que um lindo (e sincero) sorriso no rosto.

2. Ter um ataque de riso é uma massagem perfeita: mexe com os músculos da barriga e com todos os órgãos internos do corpo. Com isso, o sangue e o oxigênio chegam mais rápido aos tecidos, alimentando-os. Depois de dar boas gargalhadas, a pessoa fica exausta justamente por estar relaxada por dentro. Melhor (e mais divertido) que aeróbica.

3. Rir também é exercício. Pelo menos é o que pensam os pesquisadores da Universidade de Stanford, EUA. Segundo suas pesquisas, rir 100 vezes ao dia equivale a 10 minutos remando. Uma tarde de gargalhadas frenéticas pode ser um bom substituto para 400 metros de natação, 20 minutos de corrida ou quatro valiuns como calmante. Nesse tipo de pesquisa — bem-humorada — o melhor é acreditar.

4. Ao contrário do que se diz, sorrir não dá rugas. Embora quando a gente sorria apareçam aqueles pés-de-galinha no cantinho dos olhos, logo depois ocorre uma distensão dos músculos faciais — funciona como uma verdadeira massagem facial. A pele descansa e fica mais bonita.

5. Tá nervoso? É hora de esfriar a cabeça (literalmente). Sabe como? É simples, segundo um estudo da Universidade de Michigan (os americanos vivem pesquisando), quando as bochechas se contraem para sorrir, o sangue que corre pelo cérebro se esfria. Esse sangue fresquinho passando pela nossa cabeça é o responsável pela sensação de bem-estar.

6. Saber rir dos nossos problemas ajuda a solucioná-los. Alegria é sinônimo de confiança.

7. Rir é o melhor remédio para tensão e dor de cabeça. Quando a gente ri nosso cérebro produz endorfina — uma substância química natural que alivia a dor.

8. Quem ri à toa não fica doente tão fácil. Pesquisadores americanos descobriram que pessoas risonhas têm mais anticorpos que as choronas. Eles analisaram dois grupos de estudantes, enquanto assistiam a um filme. O primeiro grupo, que assistiu a uma comédia, ficou com uma concentração muito maior de anticorpos IgA do que o segundo grupo, que assistiu a um filme educativo. Ou seja, o primeiro estava mais protegido contra infecções e germes.

9. As mulheres normalmente sorriem mais do que os homens. Por causa disso, a falta de um sorriso é mais notada nas mulheres. As que não sorriem são consideradas mais frias, menos felizes e mais tensas que homens sérios.

10. O sorriso é uma arma para derrubar a antipatia de outras pessoas e quebrar barreiras. Sorrindo você vai ser mais bem recebido numa festa, por exemplo, e a festa vai acabar sendo melhor para você. Só não vale o sorriso falso. Esse, todo mundo percebe e acaba ficando pior para você.

11. Não precisa ter medo de abusar de seu sorriso. Ele não gasta! É um círculo vicioso: quanto mais você sorri, mais razões vai ter para continuar sorrindo e mais gente vai sorrir de volta.

(In: *Revista Capricho,* Editora Abril, São Paulo, 1987.)

A ARTE DE VIVER

MAHATMA GANDHI - Líder político e espiritual da Índia, cuja sabedoria e postura humanista tornaram-no conhecido no mundo inteiro. Através da filosofia da não-violência, libertou a Índia do colonialismo britânico. Nasceu em Porbandar (Estado de Kathiavar), no norte da Índia. Estudou Direito em Londres. Escreveu mais de duas centenas de livros sobre religião, saúde e política. Sua obra mais conhecida é a autobiografia *Minha Vida e Minhas Experiências com a Verdade*. Por razões políticas foi assassinado em 1948, em Nova Délhi. (1869 - 1948)

"

> Se eu não tivesse senso de humor há muito tempo me teria suicidado.

"

A ARTE DE VIVER

Você pode adquirir o hábito de ser feliz

Dr. Maxwell Maltz

A felicidade é um bom remédio

A felicidade é congênita do espírito do homem e da sua máquina física. Pensamos melhor, agimos melhor, sentimo-nos melhor e gozamos de mais saúde quando estamos felizes. Até os nossos sentidos trabalham melhor. O psicologista russo K. Kekcheyev submeteu algumas pessoas a testes quando estavam pensando em coisas agradáveis e desagradáveis. Verificou que quando elas entretinham pensamentos agradáveis seus sentidos da vista, paladar, olfato e audição eram melhores, e elas eram capazes de perceber diferenças mais sutis em tato, também. O Dr. William Bates demonstrou que a vista melhora imediatamente quando o indivíduo pensa em coisas agradáveis ou visualiza cenas aprazíveis. Margaret Corbott descobriu que a memória se aguça sobremaneira e a tensão mental se desfaz quando acalentamos pensamentos agradáveis. A medicina psicossomática provou que estômago, fígado, coração e todos os nossos órgãos internos funcionam melhor quando estamos alegres. Há milhares de anos, o sábio Rei

Salomão já dizia em seus provérbios: "O coração alegre é bom remédio, mas o espírito abatido seca os ossos". É significativo também que tanto o judaísmo como o cristianismo prescrevem a alegria, o júbilo, a gratidão como meios para andarmos no caminho da retidão e levarmos uma vida digna.

Estudando a correlação entre a felicidade e a criminalidade, os psicologistas da Universidade de Harvard concluíram que o velho provérbio dinamarquês "Quem é feliz não pode ser mau" encerra uma verdade científica. Verificaram que a maioria dos criminosos provinha de lares desditosos e tinha uma história de relações humanas infelizes. Um estudo da frustração, feito na Universidade de Yale, e que se prolongou por dez anos, revelou que grande parte do que chamamos de imoralidade e hostilidade para com outros é suscitada por sentimentos de infelicidade. Afirma o Dr. Schindler que a infelicidade é a causa exclusiva de todas as doenças psicossomáticas, e a felicidade é o único remédio possível. Recente pesquisa demonstrou que, de modo geral, o homem de negócios alegre e prazenteiro, inclinado a ver "o lado bom das coisas" tem mais sucesso que o pessimista.

Parece que na maneira popular de pensar a respeito da felicidade, se pôs o carro adiante dos bois. "Seja bom e será feliz", costuma-se dizer. "Eu seria feliz", dizemos a nós mesmos, "se tivesse sorte e saúde". Ou "Seja amável e generoso para com os outros e será feliz". Estaríamos mais próximos da verdade se disséssemos "Seja feliz — e você será bom, terá mais êxito, mais saúde, e será mais benevolente para com os outros".

Erros comuns a respeito da felicidade

A felicidade não é coisa que se adquira ou mereça. A felicidade não é uma questão moral, mais do que o é a circulação do sangue. Ambas são necessárias à saúde e ao bem-estar. A felicidade é simplesmente "um estado de espírito em que nossos pensamentos são agradáveis uma boa parte do tempo". Se você esperar até que "mereça" pensar pensamentos agradáveis, o provável é que tenha pensamentos desagradáveis a respeito de suas próprias falhas. "A felicidade não é recompensa da virtude", disse Spinoza, "mas a própria virtude. Não é por refrearmos nossos vícios que nos deleitamos na felicidade; mas, ao contrário, é por nos deleitarmos na felicidade que somos capazes de refrear nossos vícios". (Spinoza, *Ética.*)

A busca da felicidade não é egoísta

Muitas pessoas sinceras sentem-se inibidas em buscar a felicidade por achar que isso seria "egoísta" ou "errado". O altruísmo traz felicidade, porque afasta nosso espírito de nós mesmos, de nossas faltas, pecados, preocupações (pensamentos desagradáveis), ou do orgulho que temos do nosso "valor", e também permite exprimirmo-nos criativamente e nos realizar, ajudando os outros. Um dos pensamentos mais confortadores para qualquer ser humano é saber que alguém necessita dele, que tem em si a possibilidade de contribuir para a felicidade de um semelhante. Entretanto, se fizermos da felicidade uma questão moral e nela pensarmos como algo a ser obtido, ou uma espécie de recompensa por sermos altruístas, é bem provável que experimentemos um sentimento de culpa por desejar a felicidade. A felicidade é conseqüência natural do nosso sentimento e ação altruístas; não é uma "paga" ou prêmio. Se fôssemos recompensados por ser altruístas, o passo lógico seguinte seria supormos que quanto mais abnegados e miseráveis fôssemos, mais felizes seríamos. E essa premissa levaria à absurda conclusão de que o meio de ser feliz é ser infeliz.

Se há aí implícita alguma questão moral, ela favorece a felicidade antes que a infelicidade. "A atitude da infelicidade não é somente aflitiva; é também mesquinha e feia", diz William James. "Que é que pode ser mais indigno do que uma atitude de lamentação, mau humor, tristeza, não importa quais sejam os males externos que a engendraram? Que há de mais ofensivo aos outros? E que há de menos proveitoso para se resolver uma dificuldade? Ela serve apenas para fixar e perpetuar o mal que a ocasionou, aumentando o que há de calamitoso na situação".

A Felicidade não está no futuro, mas no presente

Verifiquei que uma das causas mais comuns de infelicidade entre meus pacientes é que estão sempre tentando viver suas vidas no futuro. Não vivem, nem desfrutam a vida agora, mas esperam por algum acontecimento ou ocorrência. Serão felizes quando se casarem, quando arranjarem um emprego melhor, quando tiverem acabado de pagar a casa, quando seus filhos se formarem, quando tiverem completado alguma tarefa ou conquistado alguma vitória. Invariavelmente, sofrem desilusões. A felicidade é um hábito mental, uma atitude mental, e se não a aprendermos e praticarmos no presente, jamais a experimentaremos. Ela não pode depender da solução de algum problema exterior. Quando se resolveu um problema, outro aparece para ocupar-lhe o lugar. A vida é uma seqüência de problemas. Para ser feliz, você precisa ser feliz — ponto final! Não feliz "por causa de..."

"Estou há cinqüenta anos reinando em vitória ou paz", disse o Califa Abdelraham, "amado pelos meus vassalos, temido pelos meus inimigos e respeitado pelos meus aliados. Honras e riquezas, poder e deleites estiveram sempre a meu dispor e nenhum dos bens da terra faltou para a minha ventura. Nesta situação, enumerei diligentemente os dias de pura e genuína felicidade que me couberam. Foram exatamente quatorze."

A felicidade é um hábito mental que pode ser cultivado e desenvolvido

"A maioria dos homens é tão feliz quanto resolve ser", disse Abraham Lincoln. "A felicidade é puramente interior", afirma o psicólogo Dr. Matthew N. Chappell. "É produzida não por coisas, mas por idéias, pensamentos e atitudes que podem ser desenvolvidos e elaborados pelas atividades da própria pessoa, independentemente do meio ambiente."

Ninguém, a não ser um santo, pode ser 100% feliz o tempo todo. E, como muito bem disse Bernard Shaw, seríamos provavelmente desditosos se isso acontecesse. Mas podemos, se tomarmos uma simples resolução, ser felizes e ter pensamentos agradáveis uma boa parte do tempo, com respeito a infinidade de pequenos acontecimentos e circunstâncias da vida diária que agora nos infelicitam. Em grande parte, é por puro hábito que reagimos com mau humor, desagrado e irritabilidade às pequenas contrariedades, frustrações, etc. Por tanto tempo "nos exercitamos" em agir assim, que isso acabou por se tornar habitual. Muito dessa reação de infelicidade habitual teve origem em acontecimentos que nós *interpretamos* como golpes contra o nosso amor-próprio. Um motorista buzina atrás de nós desnecessariamente; alguém nos interrompe ou não nos dá atenção enquanto falamos; alguém não faz por nós o que achamos que deveria fazer. Até mesmo eventos impessoais podem ser por nós interpretados como afrontas ao nosso amor-próprio. O ônibus que íamos tomar *tinha* de estar atrasado; *tinha* de chover justamente quando planejávamos um passeio; o trânsito *tinha* de ficar congestionado justamente quando precisávamos apanhar o avião. Reagimos com raiva, despeito, auto-compaixão — ou em outras palavras, com *infelicidade.*

(In: *Liberte sua Personalidade,* Dr. Maxwell Maltz, Bestseller Importadora de Livros, São Paulo, 1965.)

A ARTE DE VIVER

DOSTOIEVSKI (Fedor Mikailovich) - Escritor russo do século passado. Ao ler a obra de Balzac - *A Comédia Humana* - Dostoievski sentiu o desejo de escrever uma comédia russa. A vida de Dostoievski foi pautada de episódios dramáticos, e isso veio a influenciar sua obra literária. A força dramática de seus livros, por vezes, é comparada à força dramática das obras shakesperianas. Jovem ainda, envolveu-se com manifestações políticas na Rússia, o que o levou à prisão com trabalhos forçados na Sibéria. Entre suas obras célebres destacam-se *Os Irmãos Karamazov* e *Crime e Castigo*. (1821-1881)

❝

> Amigos, peçam alegria a Deus. Sejam alegres como as crianças e como os pássaros do céu.

❞

A ARTE DE VIVER

A vida é uma piada cósmica

Shree Rajneesh

A vida toda é uma grande piada cósmica. Ela não é um fenômeno sério. Leve-a a sério e você continuará a perdê-la. Ela é compreendida apenas através da risada.

Você nunca observou que o homem é o único animal que ri? Aristóteles disse que o homem é o único animal racional. Talvez isso não seja verdade — porque as formigas são muito racionais, as abelhas são muito racionais. Na realidade, comparado às formigas, o homem parece ser quase irracional. E um computador é muito racional — comparado a um computador, o homem é muito irracional.

Minha definição do homem é que ele é o animal que ri. Nenhum computador ri, nenhuma formiga ri, nenhuma abelha ri, apenas o homem é capaz de rir. É o pico mais alto do crescimento, e é através do riso que você pode alcançar Deus — porque é apenas através do mais alto que está em você que se pode alcançar o supremo. A risada tem de se tornar a ponte.

(In: *Vida – Amor – Riso*, Shree Rajneesh, Editora Gente, São Paulo, 1989.)

> Sorria ... Por mais carregado que esteja o horizonte.

O. S. Marden

A ARTE DE VIVER

Humor

Robert Von Oech

Você ouviu falar do homem que sofreu uma lobotomia pré-frontal? Ele mudou de idéia.

A maioria dos humoristas expõe ambigüidades. O que eles fazem é mostrar algo que você encara de uma certa forma, dando, a seguir, uma outra interpretação possível. Para entender as piadas, é preciso captar a ambigüidade da situação apresentada. Um exemplo de Woody Allen:

> Gostaria de dizer apenas uma palavrinha sobre "contracepção oral". Estive envolvido com um bom exemplo de anticoncepcional oral. Convidei uma garota para transar comigo e ela disse "não".

O que faz a gente rir? Enquanto alguém conta a piada, o pensamento segue em uma direção. Quando vem a frase de efeito, a ambigüidade da situação é percebida e uma outra interpretação, também viável mas humorística, é revelada.

Outro exemplo:

> Você sabe por que rico nunca tem dinheiro no bolso?

Porque põe tudo na Bolsa.

Procure usar o humor para se colocar num estado de espírito criativo. Descobri um jeito muito eficaz de fazer isso: ouvir discos de humoristas durante uma hora. Outra maneira é se recostar num sofá, com alguns livros ilustrados de humor. Depois de me dedicar a uma dessas atividades, fico em excelente estado de espírito para pensar em coisas diferentes.

(In: *Um "TOC" na Cuca*, Roger Von Oech, Cultura Editores Associados, São Paulo.)

A ARTE DE VIVER

CHICO XAVIER - Francisco Cândido Xavier escritor paranormal brasileiro, é seguidor e divulgador dos ensinamentos de Allan Kardec. Nasceu na cidade de Pedro Leopoldo, Minas Gerais. É autor de aproximadamente 400 obras psicografadas, em mais de sessenta anos de trabalho mediúnico. Expressando-se em dois mundos — o material e o espiritual — tem levado paz e cura para muitas pessoas. Chico Xavier é considerado um fenômeno espírita. (1910 -2002)

> **Um dos maiores pecados do mundo é diminuir a alegria dos outros.**

A ARTE DE VIVER

O sorriso

Mestre De Rose

O mundo é como um espelho: sorria para ele e só verá sorrisos. Se há uma linguagem universal, essa é o sorriso. Você pode não falar o idioma de um determinado país, mas ao sorrir para as pessoas, todos o compreendem e retribuem. O sorriso serve como cumprimento, como pedido de desculpas e como observação silente e simpática, quando olhares se cruzam. Se você entra num ambiente e sorri para os que lá estão, é como se estivesse lhes dizendo: *"Como vão? Estou feliz por vê-los."* Se, ao conduzir seu automóvel, comete um erro no trânsito, o sorriso pode significar: *"Desculpe, amigo, foi sem querer".*

Em minhas aulas falo coisas capazes de fazer corar uma estátua de mármore, mas, como as digo sorrindo, o público ri comigo e não se ofende.

Pessoas sisudas terminam por absorver uma impressão azeda do mundo, pois os demais vão refletir sua fisionomia e retribuir com a mesma frieza ou antipatia.

Treine todos os dias um exercício de musculatura da face: procure erguer os músculos que se situam bem abaixo dos olhos. São aqueles que os desenhistas costumam representar com um arco ascendente sob os olhos quando desejam indicar simpatia ou felicidade. O sorriso é o nosso grande trunfo. Denota civilidade, educação, delicadeza, confiança em si mesmo... e abre muitas portas! Acima de tudo, sorrir rejuvenesce mais do que uma cirurgia plástica e é muito mais barato.

Gargalhadas

Sorrir, sim, o tempo todo. E quanto às gargalhadas? Até o nome é feio! Rir é o melhor remédio, sem dúvida. Mas muita atenção com o som emitido quando você relaxa demais e dá aquela risada escrachada.

Você já notou que cada ser humano tem uma gargalhada diferente e que todas são um tanto ou quanto espalhafatosas? Algumas parecem o som de certas aves ou animais, nada condizentes com os bons modos. Só conheci uma meia dúzia de pessoas elegantes cuja gargalhada, mesmo alta, era gostosa e belissonante.

Eu, particularmente, gosto muito de estar rodeado de gente feliz e sorridente. A questão é, mais uma vez, de sutileza. Você pode ser feliz e desreprimido sem, no entanto, descambar para o espalhafato. Há que tomar cuidado para não ofender quem estiver em volta e que não estiver compartilhando da hilaridade.

Isto é muito importante. O riso é um comportamento que ou inclui ou exclui, não há neutralidade. Se a pessoa circundante não estiver achando a mesma graça, você poderá estar se excedendo e ela acabará por sentir-se excluída ou, até pior, irá se ofender, supondo que estão rindo dela.

E quando alguém atender ao telefone, já imaginou o que escutariam do outro lado da linha, especialmente tratando-se de um ambiente profissional?

Mas não deixe de ser feliz, não se reprima, ria à vontade. Apenas cuide de educar o som emitido e de controlar o seu volume.

(In: *Boas maneiras no Yôga*, Mestre De Rose, Editora Martin Claret, São Paulo, 1997.)

A ARTE DE VIVER

CHARLES CHAPLIN - Cineasta, ator e escritor inglês, nascido em Walworth, Londres. Por unanimidade é considerado um dos maiores gênios da sétima arte. Produziu mais de uma centena de filmes. Seu personagem mais famoso é Carlitos, que se destacou no cinema mudo, continuando sua fama após o advento do cinema falado. Chaplin foi agraciado com muitas condecorações, entre elas o grau máximo de Cavaleiro, pela rainha Elizabeth, da Inglaterra, o que lhe deu o título de Sir. (1889 - 1977)

> Estou sempre alegre — isso é a maneira de resolver os problemas da vida. Tenho a impressão que os homens estão perdendo o dom de rir.

A ARTE DE VIVER

O cavalo e o cavaleiro

Millôr Fernandes

Pois ainda que pareça incrível, quando o homem chegou às portas do céu, São Pedro disse: "Não pode entrar"! "Como não posso entrar? Tenho folha corrida de bons antecedentes e tenho bons antecedentes mesmo". "Sei" — respondeu Saint Pierre — "mas no céu ninguém entra sem cavalo".

E o homem, não podendo argumentar com Saint Peter, voltou. No caminho encontrou um velho amigo e perguntou a ele aonde ia. Disse o amigo que ao céu. Ele lhe explicou então que, sem cavalo, "neca". O amigo então sugeriu: "Olha aqui, San Pietro já está velho. Você fica de quatro, eu monto em você. Ele não percebe nada porque já está velho e míope e nós entramos no céu". E assim fizeram. Na porta, o Santo olhou o nosso herói: "Opa, você de novo? Ah, conseguiu cavalo, hem? Muito bem, amarre o cavalo aí fora e pode entrar".

Moral: *burro não entra no céu*

(In: *Fábulas Fabulosas,* Millôr Fernandes, Editorial Nórdica, Rio de Janeiro, 1963.)

A ARTE DE VIVER

SÍLVIO SANTOS - Empresário e apresentador de programas de televisão, Senor Abravanel (seu verdadeiro nome) já foi camelô, quando começou a trabalhar no Rio de Janeiro. Trabalhou nas rádios Continental, Tupi e Nacional, mas ficou famoso ao criar o Baú da Felicidade, que era uma cesta de presentes de Natal que evoluiu para o carnê de sorteio da casa própria.
Começou na televisão nos anos 60 e ficou conhecido como "o homem sorriso". Em 1981 ganhou a concessão da falida TV Tupi, onde formou o Sistema Brasileiro de Televisão. O *Programa Sílvio Santos* de domingo está no *Guiness Book*, como programa de auditório a permanecer no ar há mais tempo. (1930 -   )

"
Sorria! Sorria! É tempo de sorrir, sorria! Sorria para a vida que a vida é alegria. É tempo de sorrir, sorria!
"

A ARTE DE VIVER

Alegria e felicidade

José da Silva Martins

Deus nos criou para a alegria e felicidade. Somos tristes e infelizes quando agimos incorretamente. O homem mais feliz é aquele que melhor conhece o caminho que o leva à alegria e à felicidade.

Tudo o que nos rodeia torna-se anjo ou demônio, segundo o estado de nossa alma. Joana d'Arc ouve os anjos, Macbeth as feiticeiras.

É certo que se aprende a ser feliz e nada se ensina tão facilmente como a felicidade. Se viveis com pessoas que abençoam a vida, vós não tardareis a abençoar tudo o que vos cerca. O sorriso e a alegria são tão contagiosos como as lágrimas e a tristeza. As épocas mais felizes e alegres foram aquelas em que os homens viviam venturosamente, sem inquietações, em que os menos afortunados olhavam sem inveja os mais afortunados, e em que estes procuravam ajudar aqueles. Não é a felicidade o que nos falta: falta-nos a ciência da felicidade. Ser feliz é ter ultrapassado a inquietude e a angústia, transformando-as em felicidade.

Seria necessário que, de tempos em tempos, alguém chegasse a nós e dissesse: "Eu *sou feliz. Tenho saúde, juventude de espírito, gênio, poder e amor. Tenho tudo o que possa fazer feliz um homem, não pelos dons que o destino me outorgou, mas em razão de todos esses dons dimanarem da minha vida interior, criados por mim mesmo, da minha própria substância — filhos da minha vontade poderosa e indomável".*

Ora, quem estas linhas escreve pode-se dizer feliz porque soube conquistar a felicidade e, se para muitos, a vida é um inferno, transformei-a eu num paraíso, e todo homem pode conquistar o mesmo paraíso se acender no seu espírito a chama da alegria, da felicidade, do triunfo.

Se encontrei nas minhas labutas diárias tantas vitórias, tanto amor e felicidade, esses dons não chegaram por acaso ao meu espírito, mas são sementes lançadas e cultivadas com fé e denodo até a sua maturação. Reconheço ser hoje mais feliz do que ontem, e que com o meu esforço e amparo de Deus bati ao pórtico do reino da felicidade, em cujo recinto encontrei a alegria de viver.

Reflitamos no que nos diz Carlyle: *Nos olhos e semblantes de alguns homens vi relâmpagos irradiando reflexos de regiões mais altas. E a realidade é que essa luz existe em todos os homens e que os levaria todos a uma esfera mais alta e superior, se soubessem descobri-la.*

Haverá verdadeiramente na felicidade tanta felicidade quanto se diz?, perguntava um dia, a dois amorosos, um filósofo que uma amarga injustiça mergulhara numa longa tristeza. Não, a felicidade é inviável para aqueles que a não conheceram ou não souberam conquistar. A felicidade permanente é tão austera como uma nobre tristeza. Os pensadores que conheceram a felicidade, aprenderam a amar a sabedoria mais intimamente que aqueles que são infelizes. Há uma grande diferença entre a sabedoria que se cria na tristeza e pessimismo, e aquela que se desenvolve na alegria e na felicidade. A primeira consola falando da alegria e da felicidade, mas a segunda não fala senão dela mesma. Ao fim da sabedoria do infeliz, não há senão a esperança da felicidade; ao fim de um homem feliz não há senão a sabedoria e felicidade. Se o fim da sabedoria é encontrar a felicidade, não é senão à força de ser feliz que se acaba de encontrar a sabedoria.

Contemplamos essa grande mulher, Helen Keller, que do fundo das suas trevas do corpo, mas com fulgurante luz do espírito, nos diz: *O otimismo é a fé em ação. Nada se pode levar a efeito sem o otimismo.* Sem nunca conhecer a luz do dia, soube essa grande americana conquistar a alegria de viver.

(In: *Sabedoria e Felicidade,* José da Silva Martins, Editora Martin Claret, 1998.)

A ARTE DE VIVER

THOMAS CARLYLE - Historiador e ensaísta britânico, nasceu em Ecclefechan, Escócia. De família pobre, iniciou seus estudos numa escola local. Ingressou na Universidade de Edimburgo, onde dedicou-se à literatura e ao pensamento alemães. Foi tradutor de Goethe, Hoffmann e Schiller. Seu primeiro livro de sucesso foi o romance humorístico *O Remendão Remendado* (1833). Sua principal obra é *Sobre os Heróis, o Culto do Heroísmo e o Heróico na História* (1841). Autor polêmico e muitas vezes contraditório, Carlyle defendia a recuperação dos valores espirituais diante do materialismo do século 19. Mais tarde tornou-se um conservador ferrenho, chegando a defender a escravidão nos Estados Unidos. (1795 - 1881)

> É maravilhosa a força da alegria. A sua resistência excede tudo o que se possa imaginar.

A ARTE DE VIVER

Operação pneu

Stanislaw Ponte Preta

A frase, cheia de sinceridade, é atribuída ao padre Olímpio de Melo, que acumula as funções de ministro de Deus e do Tribunal de Contas. Consta que o piedoso sacerdote é que disse isto, uma vez: "uma mulher bem administrada vale mais que uma paróquia".

— Eu nunca tive paróquia, mas — modéstia à parte — vinha com uma mulher. Vinha no meu fusca ali pela praia de Botafogo, com uma mocinha dessas que, quando passam, a conversa dos homens vai diminuindo, vai diminuindo e depois que a moça passa fica tudo calado, pensando besteira.

— Pois era uma mocinha assim que vinha comigo ali pela praia de Botafogo e, quando entramos na rua São Clemente, rumo ao Jardim Botânico, o pneu do fusca furou — também, o desgraçado estava mais careca do que o marechal Mendes de Morais. Fazia muito sol, irmãos — este mês de março, aqui no Rio, eu vou te contar, está queimando a pele até do Monsueto.

— E eu ali, de pneu furado, com o asfalto da rua São Clemente um bocado inclemente, a derreter quente sob os meus borzeguins — mudar pneu de carro numa hora dessas é de lascar — e foi então que, olhando para a mocinha, solidária comigo na tristeza do imprevisto, eu me lembrei da frase do padre Olímpio: uma mulher bem administrada vale mais do que uma paróquia.

— Combinei o golpe com ela, a mocinha topou, e eu fui sentar num café em frente, para tomar uma cerveja — ela saltou do fusca, abaixou-se junto à roda do pneu furado, e ficou olhando pra dita desconsolada. Logo parou um carro e saltou um rapaz, olhou a roda, falou qualquer coisa com ela e eu vi — lá do café — ela concordando com ele, num gesto.

— O rapaz tirou o paletó e estava abrindo a mala do fusca para tirar o macaco, quando dois outros rapazes, ambos altos e espadaúdos, atravessaram a rua, falaram também com a mocinha e começaram a ajudar o que chegara primeiro — o pneu sobressalente ainda não tinha sido retirado da mala para substituir o furado, e já havia mais um cavalheiro solícito, ajudando.

— Para encurtar a conversa, enquanto eu bebi a cerveja, cinco rapazes muito bonzinhos, todos sorridentes e solícitos, mudaram o pneu do fusca, puseram o que estava furado na mala, ajeitaram as ferramentas e ainda indicaram à mocinha onde ficava o borracheiro mais próximo — ela agradeceu muito, fez menção de entrar no fusca e eu então paguei a cerveja, vim também, sentei na direção e fomos embora.

(In: *Vox Populi Vox... Wagen,* vários autores, Editor Mário Fittipaldi (Editoras das Américas), São Paulo, 1970.)

> *Riso. O mais inocente de todos os diuréticos.*
>
> Jonathan Swift

A ARTE DE VIVER

O humor nos negócios

Marília Fontoura

Humor enlatado

No mundo da publicidade, o humor sempre foi valorizado. David Ogilvy, o lendário fundador da Ogilvy & Mather, costumava recomendar ao pessoal da criação: "Torne o trabalho uma diversão. Quando as pessoas não estão se divertindo, raramente produzem uma boa publicidade". A novidade é que, agora, empresas de todas as áreas passaram a prestar maior atenção no ambiente de trabalho.

O que vem a ser, afinal, o humor? Segundo definição do *Aurélio,* é a "capacidade de perceber, apreciar ou expressar o que é cômico ou divertido". Para Scott Adams, o criador do Dilbert, "o humor não passa de situações comuns ligeiramente distorcidas". Sigmund Freud, o pai da psicanálise, afirma em O Humor e sua Relação com o Inconsciente que ele é sempre uma tentativa de recuperação da perdida espontaneidade da infância.

Definições à parte, o que importa é que o humor é inerente a todos os seres humanos. O que varia é a sua intensidade. O mau humor constante é uma disfunção que não deve ser confundida com traço de personalidade. É uma doença — a distimia —, e deve ser tratada como tal. Antidepressivos e psicoterapia, de acordo com o psiquiatra Táki Cordás, do Hospital das Clínicas de São Paulo, são ainda o melhor caminho para controlar essa sensação de insatisfação generalizada. Se não é esse o seu caso, tudo fica mais fácil.

Quer dizer que dá para aprender a ter "mais" senso de humor? A coisa não é bem assim. Nos Estados Unidos, é verdade, as prateleiras das livrarias estão abarrotadas de livros com dicas de como fazer apresentações e escrever memorandos divertidos. Não faltam também anedotas e frases feitas para serem usadas nas mais variadas ocasiões. No Brasil, a onda praticamente se restringe ao sucesso do humor corrosivo de Dilbert. "O problema é que o humor enlatado não faz parte da nossa cultura", diz o *headhunter* paulista Luiz Carlos Cabrera, diretor da PMC-Amrop International. "Na sociedade americana, a sacadinha de humor é um ingrediente que faz parte do dia-a-dia das pessoas."

Empurrão

Segundo Cabrera, todo apresentador ou conferencista americano se sente na obrigação de contar uma piada ao começar sua apresentação. Essa febre, de alguma forma, também afetou os executivos, propiciando o nascimento de uma verdadeira indústria do humor. Em abril deste ano, por exemplo, ocorrerá em Nova York a 13ª conferência anual "The Positive Power of Humor & Creativity" (O Poder Positivo do Humor & Criatividade), patrocinada pelo The Humor Project. Fundado em 1977, tem, entre as suas metas, "ajudar as organizações a incorporar o humor à sua cultura corporativa". Mais de 800.000 pessoas já freqüentaram seus eventos. Entre as companhias que costumam participar do encontro anual estão IBM, General Motors, Kodak, Xerox, Walt Disney, Procter & Gamble e Time Warner.

"O humor funciona como um divertido e poderoso meio para abrir portas, corações e mentes. Não é isso que a sua organização mais deseja?", diz Joel Goodman, o fundador e presidente do The Humor Project. Para dar conta dos inúmeros pedidos de palestras e workshops em empresas, The Humor Project dispõe de uma equipe de 50 consultores. Além disso, o instituto edita a revista *Laughing Matters* e vende desde livros e vídeos até agendas, pôsteres e objetos jocosos. Mais recentemente, criou a AHA! (American Humor Association), que tem cerca de 145.000 sócios.

A saída é oferecer um ambiente mais agradável aos funcionários. Já vai longe o tempo em que as empresas se contentavam com empregados que deixavam seus cérebros junto com seus carros no estacionamento, ao chegar pela manhã, de acordo com a célebre definição de Peter Drucker. "No mundo dos negócios, cada vez mais competitivo, as empresas começaram a almejar indivíduos inteiros, com cérebro e coração", diz Cabrera, da PMC-Amrop. Ou seja, gente criativa, que coloque o melhor de sua energia emoção e humor a serviço da companhia.

(In: *Revista Exame,* março/98, Marília Fontoura, Editora Abril, São Paulo, 1998.)

A ARTE DE VIVER

GUERRA JUNQUEIRO (Abílio Manuel de) - Poeta, escritor e filósofo português, nascido em Freixo-de-Espada-à-Cinta (Trás-os-Montes). Estudou Direito na Universidade de Coimbra. Ocupou alguns cargos administrativos em cidades portuguesas. Foi deputado. Viveu algum tempo em Berna (Suíça), representando Portugal como ministro. Suas obras são caracterizadas pelo panteísmo e a religiosidade. Escreveu muitas obras, principalmente em versos. Sua obra-prima é *Os Simples*, de influência realista. (1850 -1923)

"

> Ser alegre é ser forte;
> a força é uma alavanca.
> Em tudo o que alvorece há
> um sorriso de esperança.

"

A ARTE DE VIVER

Você não vê jumentos dando risada

Shree Rajneesh

Você não vê os burros dando risada; você não vê os búfalos se divertindo com uma piada. Somente o homem pode se divertir com uma piada, pode gargalhar. Seus santos são como os búfalos e os jumentos. Eles caíram abaixo do nível da humanidade; eles perderam algo de imenso valor. Sem o riso, o homem é como uma árvore sem flores.

Mas a sociedade precisa de pessoas sérias: presidentes, primeiros-ministros, vice-reitores, professores, papas, *shanharacharyas,* aiatolás, imãs, todos os tipos de sacerdotes, comissários, coletores, governadores... Todos têm de ser sérios. Se eles tiverem senso de humor, a sociedade ficará com medo de que a eficiência seja perdida. Se eles tiverem senso de humor, tornar-se-ão humanos. Espera-se que eles sejam exatamente como máquinas.

O jeito de Adolf Hitler andar é mecânico. Simplesmente veja suas fotografias — o jeito que ele se levanta, o jeito que ele anda, o jeito que ele recebe saudações, o jeito que *ele* saúda. Parece quase mecânico, como se ele não fosse um homem, mas um robô — sua face, seus gestos, tudo como um robô (e ele fez toda a Alemanha ficar como um robô). Ele destruiu mais a Alemanha do que a qualquer outro povo. Mas ele criou um exército muito eficiente. Um exército eficiente é possível somente se as pessoas perderem toda a inteligência e tudo o que a inteligência contém.

O senso de humor é um dos próprios fundamentos da inteligência. Quando você perde o senso de humor, você perde a inteligência também; quanto mais senso de humor você tiver, mais inteligente você será. Não existe a questão de como despertar o senso de humor: você simplesmente remove as barreiras. Ele já está aí, ele já é um fato. Simplesmente remova algumas pedras que seus pais, sua sociedade colocaram para impedi-lo. A sociedade lhe ensina o autocontrole, e senso de humor significa relaxamento....

Você não pode rir diante de seus parentes mais velhos, você não pode rir diante de seus professores, você não pode rir diante de seus sacerdotes, você não pode rir nas igrejas.

E os cristãos dizem que Jesus nunca riu. Eu não consigo acreditar nisso — ele não era um búfalo! Ele foi um dos maiores e mais inteligentes homens que jamais andaram pela Terra.

Ele deve ter rido, ele deve ter se divertido. Ele era um homem muito mais mundano do que Buda. Ele viveu mais apaixonadamente e mais intensamente que qualquer outro iluminado. Ele adorava a companhia de mulheres; ele teve lindas mulheres como discípulas, até mesmo uma das mais famosas prostitutas daquela época, Maria Madalena. Ele adorava comer, ele adorava beber. Ele é a única pessoa iluminada que gostava de vinho. Um verdadeiro homem! E ele adorava banquetes. Toda noite havia um banquete e o banquete continuava por horas.

Jesus era um homem mundano. Ele repete muitas vezes, muito mais vezes do que ele disse "Eu sou o filho de Deus", ele repete muito mais vezes: "Eu sou o filho do homem". Ele está mais perto da terra do que do céu. Ele é uma pessoa muito mundana. Ele deve ter gargalhado, se divertido.

Mas os sacerdotes, os papas e as igrejas são muito sérios. Entrar numa igreja é como entrar num cemitério. Você tem de ser sério, rígido.

Tudo isso tem de ser abandonado.

Em Londres, Lady Ashcroft decidiu dar uma festa fina e contratou uma empregada italiana, Miss Scapeccia, que tinha emigrado recentemente para a Inglaterra.

"Não se esqueça dos pegadores de gelo", ordenou a madame inglesa. "Não fica bem quando os homens vão ao banheiro, e tiram para fora e colocam de volta, e depois têm de pegar os cubos de gelo com seus dedos."

"Sim, madame" — respondeu a moça italiana.

Mais tarde, depois que os convidados tinham ido embora, Lady Ashcroft disse:

"Miss Scapeccia, eu achei que tinha lhe falado sobre os pegadores de gelo!"

"Eu os coloquei no lugar certo, Lady. Eu juro!"

"Bem, eu não os vi em cima da mesa!"

"Em cima da mesa?! Eu os coloquei no banheiro!"

Brombilla deu 200 dólares como presente de casamento a seu filho Aldo. Duas semanas depois, ele perguntou ao filho: "O que você fez com o dinheiro?"

"Eu comprei um relógio de pulso, papai", respondeu o rapaz.

"Idiota!", gritou o pai. "Você deveria ter comprado um rifle!"

"Um rifle?! Para quê?"

"Imagine se algum dia você chega em casa e encontra um homem dormindo com sua mulher", explicou o pai. "O que você vai fazer? Você vai acordar o cara e perguntar as horas?"

(In: *Vida - Amor – Riso,* Shree Rajneesh, Editora Gente, São Paulo, 1989.)

A ARTE DE VIVER

BALZAC (Honoré de) - Escritor francês, retratista da burguesia do século 19. Escreveu *A Comédia Humana*, obra inspirada na *Divina Comédia* de Dante Alighieri, embora de contexto bem diferente. Famoso também por sua apologia à mulher de mais de 30 anos, surgindo daí o termo "balzaquiana". Consta que algumas das mulheres que amou eram bem mais velhas do que ele. Foi um dos escritores que deixaram dezenas de obras publicadas. (1799 -1850)

> Provocar o riso sem participar dele aumenta grandemente o efeito.

A ARTE DE VIVER

Rir é o melhor remédio

Seleções do Reader's Digest

Como correu teu encontro a noite passada, Billy? — perguntou um amigo.

— Foi formidável! Fomos a um concerto, lanchamos e depois demos umas voltas de carro, até que encontrei um lugar bonito e escuro para estacionar. Quando lhe pedi um beijo, ela respondeu que primeiro tinha que abaixar o teto do carro. Passei uma hora tentando...

— Uma hora? — interrompeu o amigo. — Eu abaixo a capota em três minutos.

— Eu sei — disse Billy. — Mas você tem um conversível.

Phil Harrman, em *Ohio Motorist*

* * *

— Um dia, eu estava com tanta fome que comi meu papagaio — contou o explorador ao amigo.

— E que gosto ele tinha?

— Peru, ganso selvagem, tordo... aquele papagaio era capaz de imitar tudo.

S. Perry, *Periscopes*

* * *

Uma menina voltou da escola toda entusiasmada por ter sido eleita "A mais bonita da turma". No dia seguinte, vinha ainda mais animada: tinha sido eleita "a mais popular". Mas, dias depois, quando anunciou que tinha ganho outro concurso, estava um pouco embaraçada.

— Você foi eleita o quê? — perguntou a mãe.
— A mais convencida — respondeu a menina.

Sylvia Altman Levitt, EUA

* * *

Um cachorrão enorme entra num açougue com uma carteira na boca. Larga a carteira no chão e senta-se diante do balcão.

— Que é, cara? — pergunta o açougueiro, brincalhão. — Quer comprar carne?
— Au, au! — ladra o cão.
— Hum — comenta o homem. — Que tipo de carne? Fígado, presunto, bife...
— Au! — interrompe o cão.
— Que porção de bife? Meio quilo, um quilo...
— Au! — ordena o cão.

Espantado, o açougueiro embrulha a carne e pega o dinheiro na carteira. Quando o cão sai, resolve ir atrás dele. O cão entra num prédio de apartamentos, sobe ao terceiro andar e raspa com a pata numa porta. Nisto, a porta abre-se e um homem, zangado, começa a gritar com o cão.

— Pare com isso — protesta o açougueiro. — Esse aí é o bicho mais inteligente que eu já vi!
— Inteligente? — responde o homem. — É a terceira vez nessa semana que ele se esquece da chave.

The Jokesmith

* * *

Felicitando uma amiga, cujos filhos, uma moça e um rapaz, tinham casado no espaço de um mês; uma senhora perguntou:

— Que gênero de pessoa é o seu genro?

— É formidável — respondeu a mãe. — Deixa minha filha se levantar tarde, quer que ela vá ao cabeleireiro e leva-a para jantar fora todos os dias.

— É simpático — comentou a outra. — E com seu filho, corre tudo bem com sua nora?

— Aí a coisa é pior — suspirou a mãe. — A mulher dele se levanta tarde, passa o tempo no cabeleireiro e só gosta de comer fora.

Sabeen, Paquistão

* * *

Teste de aritmética dos anos 60: "Um madeireiro corta e vende uma porção de madeira por 100 dólares. O custo de produção é quatro quintos dessa quantia. Qual é o seu lucro?"

Teste de matemática moderna dos anos 70: "Um madeireiro troca um conjunto (M) de madeira por um conjunto (D) de dinheiro. A cardinalidade do conjunto M é 100. O conjunto C do custo de produção contém menos 20 pontos. Qual é a cardinalidade do conjunto L dos lucros?"

Versão simplificada dos anos 80: "Um madeireiro corta e vende uma quantidade de madeira por 100 dólares. O custo é de 80 dólares e o lucro é de 20 dólares. Descubra e destaque com um círculo o número 20."

Versão dos anos 90: "Um madeireiro ignorante

abate um belo conjunto de 100 árvores a fim de obter 20 dólares de lucro. Faça uma dissertação sobre o seu ponto de vista quanto a esta forma de ganhar dinheiro. Tópico para discussão: o ponto de vista das aves silvestres e dos esquilos."

Illustration Digest

* * *

— A noite passada sonhei que a senhora era a minha mãe — disse Jack à psiquiatra.
— E o que é que sentiu quando acordou?
— Acordei tarde — responde Jack. — Depois lembrei que tinha consulta consigo, por isso fui buscar um refrigerante e uns biscoitos para o desjejum e vim logo para cá. Não cheguei a ter tempo para pensar no assunto. Que quer isto dizer doutora?
— Um refrigerante e uns biscoitos? — comentou a psiquiatra. — você chama a isso desjejum?

Ron Dentiger, em *Chronicle,* Dodgeville, Wisconsin

(In: *Seleções do Reader's Digest*, novembro de 1996, Tomo LI, n° 306.)

> Estou sempre contente com o que acontece, porque o que Deus quer é melhor do que eu quero.

Epiteto

A ARTE DE VIVER

Provérbio árabe

Autor desconhecido

Não digas tudo o que sabes
Não faças tudo o que podes
Não acredites em tudo o que ouves
Não gastes tudo o que tens;

   PORQUE:
      Quem diz tudo o que sabe
      Quem faz tudo o que pode
      quem acredita em tudo o que ouve
      quem gasta tudo o que tem;

   MUITAS VEZES,
      diz o que não convém
      faz o que não deve
      julga o que não vê
      gasta o que não pode.

(In: *Preces e Mensagens*, R. Stanganelli, Tríade Editorial, São Paulo, 1970.)

A ARTE DE VIVER

FRANÇOIS RABELAIS - Escritor francês, nasceu em La Devinière, França. Recebendo uma educação clássica, Rabelais ingressou na Ordem dos Beneditinos, mas abandonou o hábito e matriculou-se na Faculdade de Medicina de Montpellier. Foi médico do Hospital De Pont-du-Rhône e ministrou cursos sobre Hipócrates. Rabelais traduziu as preocupações típicas do homem do Renascimento e utilizou o humor para criticar a Igreja, a burguesia e os príncipes ambiciosos da época. Sua principal obra *A Vida Inestimável do Grande Gargântua, Pai de Pantagruel*, é um dos volumes da epopéia heróico-cômica do gigante Gargântua. (1494 -1553)

"

Ri, ri, porque o riso é o próprio homem.

"

A ARTE DE VIVER

A importância do título

Stanislaw Ponte Preta

Hoje em dia todo mundo anda tão pendurado na mão de agiota que a gente bota um cabeçalho como esse aí o leitor vai logo pensando que o título é uma promissória e a importância é uma quantia. Calma, pessoal. Não é nada disso. Eu compreendo perfeitamente a vossa deformação intelectual, principalmente depois do período redentor colocado à disposição do Sr. Roberto Campos, mas posso garantir que eu me referia à importância do título numa obra literária.

E isto me veio à cabeça porque estava eu aqui a ler a correspondência dos chamados leitores assíduos, quando dei com o assunto, numa carta interessante de Bernardino Fernandes, leitor de Santos, um cavalheiro que é corretor de café há quase trinta anos, até o momento em que apareceu um luminar para presidir o Instituto Brasileiro de Café e acabou com a praça cafeeira de Santos. Êta Brasilzinho bem administrado, sô! Mas isso deixa pra lá — que é justamente o que pede o leitor. Nós estávamos falando sobre a importância, etc., etc., etc.

Então, conta ele: "Há um salão de barbeiro na Rua Frei Gaspar, bem perto da Bolsa Oficial de Café. O dono é um bom português chamado Gonçalves, que era metido a literato e achava que a palavra barbeiro não lhe definia bem a profissão: dizia-se decapilador. Lia tudo o que lhe aparecia pela frente e estava sempre com livros e revistas debaixo do braço, mania que lhe valeu o apelido de Sovaco Ilustrado. No Bazar de Paris — livraria que ficava perto do salão — uma das mais antigas de Santos, ele estava sempre a par das novidades literárias. O homem era mesmo puxado para literato e os fregueses do salão eram pessoas do alto comércio do café e certos intelectuais que apreciavam o Gonçalves.

Entre esses era freguês exclusivo do Gonçalves o grande poeta Martins Fontes, com quem o decapilador, certa vez, discutiu a importância do título no trabalho literário, tanto assim, que, lá um dia, disse o Gonçalves ao poeta: "Sr. Fontes, acabo de escrever um livro e estou cá cheio de dificuldades para encontrar o título".

Martins Fontes, aquela finura de homem, com toda a calma que Deus lhe havia dado, não se perturbou e perguntou: "Seu livro fala de tambores?"

O Gonçalves pensou e retrucou: "Tambores? Não, não fala de tambores".

Martins insistiu: "Fala de cornetas?"

Não. O livro também não fala de cornetas — garantiu o autor.

E Martins Fontes, já vestindo o paletó para sair: "Pois está aí um bom título — *Nem tambores nem cornetas*. Pagou e foi embora.

(In: *FEBEAPÁ 2 – 2º Festival de Besteira que Assola o País*, Stanislaw Ponte Preta, Editora Sabiá, Rio de Janeiro, 1967.)

A ARTE DE VIVER

MONTHERLANT (Henry de) - Escritor francês, Henry-Marie-Joseph Millon de Montherlant nasceu em Paris. Foi jornalista e trabalhou como correspondente na 2ª Guerra. Homem de ação na vida, como na obra, Montherlant encarna como escritor os traços que se tornaram mais característicos do século 20: individualismo, ação, violência física e triunfo a qualquer preço. Sua principal obra de ficção é a tetralogia composta de *As Moças* (1936); *Piedade para as Mulheres* (1936); *O Demônio do Bem* (1937) e *Os Leprosos* (1939). Escreveu também peças de teatro como o drama histórico *A Rainha Morta* (1946), entre outras. Em 1960 foi eleito para a Academia Francesa de Letras. Suicidou-se em Paris, em 21 de setembro de 1972. (1896 -1972)

"
Não se deve conceder a própria confiança a alguém que não sorri nunca.
"

Touro ou boi?

Shree Rajneesh

Uma das coisas mais cruéis que se pode fazer ao homem é torná-lo triste e sério. Isso tem de ser feito, porque sem tornar o homem triste e sério, é impossível fazer dele um escravo — um escravo em todas as dimensões da escravidão; espiritualmente, um escravo em relação a algum deus fictício, a algum céu e inferno fictícios; psicologicamente, um escravo, porque a tristeza, a seriedade não são naturais... Elas têm de ser impostas à mente, e a mente se fragmenta, é despedaçada... E um escravo fisicamente também, porque um homem que não pode rir, não pode ser realmente saudável e total.

O riso não é unidimensional; ele tem todas as três dimensões do ser do homem: quando você ri, seu corpo participa, sua mente participa, seu ser participa. No riso as distinções desaparecem, a divisão desaparece, a personalidade esquizofrênica desaparece.

Mas isso era contra aqueles que queriam explorar o homem — os reis, os padres, os políticos calculistas. Todo o esforço deles era para tornar, de alguma maneira, o homem mais fraco, doente: torne o homem miserável e ele nunca se revoltará.

Tirar o riso do homem é tirar-lhe a própria vida.

Tirar o riso do homem é castração espiritual.

Você já observou a diferença entre os bois e os touros? Eles nasceram iguais, mas os bois foram castrados. E, a menos que eles sejam castrados, você não poderá usá-los como escravos para carregar suas cargas, para puxar suas carroças. Você não pode colocar os touros na frente do seu carro — o touro é tão poderoso, que é impossível mantê-lo sob controle; ele tem uma individualidade própria. Mas o boi é um eco muito distante do seu ser real, apenas uma sombra. Você o destruiu.

Para se criar escravos, o homem foi destruído da mesma maneira. O riso tem sido continuamente condenado como infantil, insano; no máximo lhe é permitido sorrir. A diferença entre o sorriso e o riso é a mesma que entre o boi e o touro. O riso é total. O sorriso é somente um exercício dos lábios; o sorriso é somente um maneirismo. A gargalhada não conhece maneirismo algum, etiqueta alguma — ela é selvagem, e sua selvageria tem toda a beleza.

Mas os interesses investidos, quer de dinheiro, quer de religiões organizadas, ou dos governantes, todos estavam de acordo em um ponto: o homem tem de ser enfraquecido, de ser tornado miserável, de ser amedrontado — tem de ser forçado a viver numa espécie de paranóia. Somente então ele se ajoelhará diante de estátuas de madeira ou de pedra. Somente então ele estará pronto a servir qualquer pessoa que seja poderosa.

A gargalhada traz sua energia de volta a você. Todas as fibras do seu ser se tornam vivas, e todas as células do seu ser começam a dançar.

O maior pecado cometido na Terra contra o homem é que ele tem sido proibido de rir.

As implicações são profundas, porque quando você é proibido de rir, certamente é proibido de ser alegre, é proibido de cantar uma canção de celebração, é proibido de dançar por pura alegria. Ao se proibir o riso, tudo o que é bonito na vida, tudo o que faz a vida digna de ser vivida e de ser amada, tudo o que dá sentido à vida é destruído. É a estratégia mais feia usada contra o homem.

A seriedade é um pecado. E, lembre-se, seriedade não significa sinceridade — sinceridade é um fenômeno completamente diferente. Um homem sério não pode rir, não pode dançar, não pode brincar. Ele está sempre se controlando; ele foi criado de tal maneira que se tornou um carcereiro de si mesmo. O homem sincero pode rir sinceramente, pode dançar sinceramente, pode alegrar-se sinceramente. Sinceridade nada tem a ver com a seriedade.

A seriedade é simplesmente uma doença da alma, e somente almas doentes podem ser convertidas em escravas. E todos os interesses investidos precisam de uma humanidade que não seja rebelde, que esteja desejando muito, quase mendigando, ser escrava.

Na realidade, somente as crianças são encontradas dando risadinhas e gargalhadas; e os adultos acham que, por elas serem crianças, ignorantes, podem ser perdoadas — elas são ainda tão incivilizadas, tão primitivas! Todo o esforço dos pais, da sociedade, dos professores, dos padres, é para descobrir: Como torná-las civilizadas? Como torná-las sérias? Como fazê-las se comportarem como escravos, não como indivíduos independentes.

Não se espera que você tenha suas próprias opiniões. Você tem simplesmente de ser um cristão, ou um hindu, ou um muçulmano. Você tem de ser um comunista, ou um fascista, ou um socialista. Não se espera que você tenha suas próprias opiniões; não se espera que você seja você mesmo. A você é permitido ser parte de uma multidão — e ser parte de uma multidão não é nada mais do que se tornar um dente numa engrenagem. Você terá cometido suicídio.

Na sociedade, o homem que ri totalmente — uma boa gargalhada — não é respeitado. Você tem de parecer sério. Isso mostra que você é civilizado e são. Rir é para as crianças e para os loucos, ou para os primitivos.

(...)

No dia em que o homem se esquecer de rir, no dia em que o homem se esquecer de ser brincalhão, no dia em que o homem se esquecer de dançar, ele não será mais um homem; terá caído no nível das espécies sub-humanas. A brincadeira o torna leve; o amor lhe dá luz, a risada lhe dá asas. Dançando com alegria, ele pode tocar as estrelas mais distantes. Ele pode conhecer os próprios segredos da vida.

(In: *Vida - Amor - Riso*, Shree Rajneesh, Editora Gente, São Paulo, 1989.)

A ARTE DE VIVER

PAUL CLAUDEL - Escritor francês, Paul-Louis-Charles Claudel nasceu em Villeneuve-sur-Fère-en-Tardenois, Aisne; foi um dos grandes nomes da literatura francesa na primeira metade do século 20. Ingressando na carreira diplomática, ocupou cargos na China, Japão, Europa e até no Brasil, como ministro plenipotenciário, no Rio de Janeiro. Da fé inquebrantável em Deus decorreram a inspiração lírica, a unidade, o objetivo e o tom profético de suas obras, como: *O Refém* (1911); *A Anunciação* (1912) e *A Sapatilha* (1929). Claudel foi sobretudo poeta. Sua criação se enriqueceu com o uso do "versículo claudeliano", forma próxima ao verso livre dos salmos. Entre suas principais obras poéticas destacam-se: *Cinco Grandes Odes* (1910) e *A Missa Lá Longe* (1919). (1868 - 1955)

> **Vamos rir, que faz bem!
> A farsa é a forma exasperada
> do lirismo e a expressão
> máxima da alegria de viver.**

A ARTE DE VIVER

Outra do analista de Bagé

Luís Fernando Veríssimo

É sabido que todo psicanalista deve, ele mesmo, fazer análise antes de começar a analisar os outros. Segundo o analista de Bagé, isto acontece pela mesma razão que um cirurgião desinfeta as mãos "antes de mexê em tripa alheia" e para "o vivente descobri se não tá na profissão só pra ouvi bandalheira". O próprio analista de Bagé precisou se analisar mas não passou da primeira sessão e teve de ser contido para não cumprir sua ameaça de sangrar seu analista, porque "esse aí só serve pra morcilha".

— Mas morcilha de sangue de gente não presta.
— Então não serve pra nada!

Nunca se soube muito bem o que houve durante a sessão, mas por muito tempo o analista de Bagé só se referia ao outro como "más bisbilhoteiro que filho de empregada".

A solução foi o próprio analista de Bagé se auto-analisar. Ele mesmo conta que foi um pouco cansativo ficar pulando do banquinho para o pelego e do pelego para o banquinho durante cinqüenta minutos, mas valeu a pena.

— Hoje me conheço de me tratar por tu e dividi palheiro, tchê.

Ninguém esteve presente, é claro, mas foi possível fazer uma razoável reconstituição do diálogo entre o analista de Bagé e ele mesmo, logo depois da formatura.

— Mas então, tchê?
— Pôs tô aqui.
— Que venham os loco?
— Que venham os loco que eu reparto de pechada, tchê.
— Oigatê!
— Por Freud e Silveira Martins.
— Oigatê!
— Se corcoveá eu monto.
— E dá de relho.
— Bueno, de relho não. De relho, só cavalo aporreado e china respondona.
— Guasca velho! E tu não tem nada pra botar pra fora? Recalque, complexo ou arroto?
— Mas o que é isso, índio velho? Tu sabe que bageense é como vitrine de belchior, tá tudo ali na frente. Escondido só bragueta de gordo.
— Não é como essas outra raça.
— Pôs não é. Tem raça que é que nem cestinha de morango. Por baixo é tudo podre.
— Bueno, se todo mundo fosse gaúcho, ser gaúcho não era vantagem.
— E ia faltar mate.
— Deus fez os outros primeiro e o gaúcho quando pegou a prática.
— Por isso é que tem tanto índio desajustado.
— Teu trabalho é curá esses desgarrado.
— E tu acha que eu tô pronto, tchê?
— Mas tu tá virando carvão, tchê! Salta daí e vai trabalhar.

(In: *A Velhinha de Taubaté*, Luís Fernando Veríssimo, L&PM Editores, Porto Alegre, 1963.)

> *O mais inútil de todos os dias é aquele em que não sorrimos.*

Chanfort

Os sorrisos da sorte

Baltazar Gracián

Regra para se ter sorte. A sorte tem suas regras, e para os sábios nem tudo depende do acaso. A sorte conta com a ajuda do esforço. Alguns se contentam em se colocar confiantes à porta da sorte, esperando que ela aja. Outros são mais sensatos, e a ultrapassam com uma audácia cautelosa. Amparada pela coragem e pela virtude, a audácia espiona a sorte e a adula com vista à eficiência. Porém, o verdadeiro pensador tem um único plano de ação: virtude e prudência; pois a sorte e o azar se acham na prudência ou na precipitação.

Avaliar a sorte: para poder agir, e para se comprometer. É bobagem alguém de 40 anos pedir saúde a Hipócrates, é bobagem ainda maior pedir prudência a Sêneca. Governar a sorte é uma arte, seja aguardando-a — pois ela às vezes não se apressa — seja aproveitando-se dela, quando é oportuna; embora nunca vá entender totalmente o seu proceder anômalo. Se a sorte o tem favorecido, prossiga com ousadia, uma vez que ela adora os ousados e, como uma mulher deslumbrante, os jovens. Se é um azarado, não aja. Retire-se e poupe-se de falhar duas vezes. Se a dominou, você deu um grande passo à frente.

Deixar o jogo enquanto estiver ganhando. Os melhores jogadores fazem isso. Uma retirada elegante é tão importante quanto um ataque de estilo. Converta suas fichas, tão logo forem suficientes, quando forem muitas. Uma boa sorte que perdura é sempre suspeita. É mais seguro quando a boa sorte se alterna com a má, o que além disso, possibilita que se desfrute um prazer agridoce. Quando se tem sorte, maiores são as chances que se tem de escorregar e fazer tudo em pedaços. Às vezes, a dona sorte nos compensa, trocando a curta duração pela intensidade de seus favores. Ela se cansa quando tem de carregar alguém nas costas por muito tempo.

Não exibir a sorte. É mais ofensivo nos orgulharmos em demasia de nosso alto posto do que de nós mesmos. Não banque o grande homem — é abominável —, e não se orgulhe de ser invejado. Quanto mais arduamente você buscar a estima dos outros, menos dela terá. Depende do respeito alheio. Não se pode agarrá-la, é preciso merecê-la e esperar por ela. As ocupações importantes requerem a autoridade correspondente, sem a qual não será possível exercê-las dignamente. Realize apenas o que a ocupação exige para cumprir suas obrigações. Não a esgote; ajude-a a seguir em frente. Aqueles que querem parecer trabalhadores esforçados dão a impressão de que não estão à altura de seu trabalho. Se quer se sair bem, faça-o usando seus talentos, não seu aspecto exterior. Até um rei deve ser venerado mais pela soberania pessoal do que a extrínseca.

Preparar-se para o azar enquanto se está com sorte. No verão é sensato prover-se para o inverno, além de mais fácil. Os favores são menos caros, e as amizades são muitas. É bom poupar para um dia chuvoso: a adversidade é cara e tudo falta. Mantenha um séquito de amigos agradecidos; algum dia você valorizará o que agora parece sem importância. A vilania não tem amigos na prosperidade, porque se recusa a reconhecê-los. Na adversidade, é o contrário.

Não arriscar a reputação num lance de dados. Se o resultado for mau, o dano será irreparável. É fácil errar uma vez, em especial na primeira. Nem sempre é o momento certo, nem todos os dias são nossos dias de sorte. Portanto, permita que uma segunda tentativa compense a primeira... e a primeira tentativa, se boa, compensará a segunda. Sempre deve haver espaço para o aperfeiçoamento e a apelação. As coisas dependem das circunstâncias, e a sorte nos concede o sucesso só de vez em quando.

(In: *A Arte da Sabedoria*, Baltazar Gracián, Editora Best Seller, São Paulo, 1996.)

A ARTE DE VIVER

COLETTE — O mais destacado nome feminino das letras francesas na primeira metade do seculo 20, Sidonie-Gabrielle Claudine, sob o pseudônimo de Colette, nasceu em Saint-Sauveur-en-Puisaye. Casou-se com o escritor Willy. Mais tarde, divorciada, tornou-se atriz de teatro de variedades; jornalista, durante a 1º Guerra Mundial e depois dedicou-se à literatura.

Na década de 1920 tornou-se célebre como escritora, abordando as inquietações da juventude do pós-guerra em romances como *Queridinho* (1920); *O Trigo Verde* (1923); *A Gata* (1933); *Gigi* (1944), entre outros. Inocência, malícia e um agudo poder de observação marcaram a sua obra. Em 1945 elegeu-se para a Academia Goncourt e recebeu a Legião de Honra. (1873 - 1954)

> **A total ausência de senso de humor torna a vida impossível.**

A ARTE DE VIVER

Flagrantes da vida real

Seleções do Reader's Digest

Ao ver-se já com um "pneu" em volta da cintura, o meu marido resolveu associar-se a um clube de ginástica. Depois de meia hora de exercícios, o diretor aproximou-se e disse-lhe: "o senhor só está a exercitar as pernas. Não é bem disso que precisa".

"Estou a ver se fortaleço estas pernas para poderem agüentar com este corpo", explicou o meu marido.

Emily Keen, Texas

* * *

Eu estava visitando um amigo no Utah. Certa manhã, fomos passear a pé nas montanhas e deparamos com um afloramento rochoso irregular, com um pequeno platô no cume. Pedras arredondadas, raiadas de cores, estavam assentadas entre as árvores, e plantas verde-escuras emolduravam uma série de quedas-d'água. "Até parece que isso foi desenhado por um profissional!." exclamei, arquejante.

"E foi", retrucou meu amigo. Ao ver minha expressão atônita, fez um gesto na direção do céu e acrescentou: "O mesmo sujeito projetou a coisa toda".

E. K. Harley

* * *

Eu estava na farmácia há pouco tempo quando um casal de *punks* entrou. Estavam vestidos da maneira do costume — couro preto, correntes e jóias pesadas. O rapaz tinha o cabelo pintado de azul e púrpura, em crista, e ela, de um amarelo reluzente. De repente, o rapaz pegou nuns óculos de praia, colocou-os e perguntou à moça:

— Que tal?

— Pelo amor de Deus, tira isso! — disse ela. — Fica tão ridículo!

Audrey Kelly. Manchester, Inglaterra

* * *

Um amigo meu, que trabalhou durante bastante tempo para uma grande empresa norte-americana em Istambul, Turquia, conta a seguinte história a respeito de um de seus chefes: embora nova-iorquino, ele nunca vira nada tão caótico como o trânsito em Istambul. Nos dez anos em que trabalhou lá, por diversas vezes chegou pálido e apavorado ao escritório, queixando-se das barbeiragens dos motoristas turcos. Seu destino, dizia, era morrer atropelado em Istambul.

Mas não morreu. Voltou para Nova York sem nunca ter tido um acidente na Turquia. Um dia, resolveu comprar um Mercedes, e mal tinha deixado o *stand* com o carro novinho em folha quando foi abalroado por um motorista que não respeitou o sinal vermelho. Ligeiramente ferido, o americano saiu do Mercedes para discutir, mas qual não foi seu espanto quando ouviu o outro dizer, em turco: "O senhor me desculpe, mas eu não falo inglês. Sou turista."

Contribuição enviada por Lynda Peach, Canadá

* * *

No pequeno bar onde trabalho, as paredes dos banheiros são quadros-negros e há giz à disposição, de forma que os fregueses possam rabiscar pensamentos à vontade, para sua satisfação. Um dia, apareceu escrita numa parede a seguinte adivinhação:

Irmãos e irmãs não tenho, mas o pai deste homem é filho do meu pai. Quem sou eu?"

Logo embaixo alguém escreveu: "Você é um filho adotivo, mas não quiseram contar-lhe".

Susan K. Fehser

* * *

Quando um enfarte obrigou meu pai a vender seu sítio e mudar-se para a cidade, ele não sabia como iria ajustar-se à falta de privacidade. Para nossa surpresa, ele parecia estar gostando muito e, para maior espanto nosso, aceitou a tarefa de lavar a louça, coisa que nunca fizera no campo.

Ele esclareceu-nos o mistério certo dia, ao me confidenciar: "Quando me mudei para a cidade, achei isto aqui muito cheio de gente. Eu não tinha para onde fugir das pessoas para poder pensar. De repente ocorreu-me que todo mundo *desaparecia* como por encanto quando chegava a hora de lavar a louça. Foi assim que achei meu esconderijo. Agora posso ficar a sós quando quero e pelo tempo que quero".

Sarah G. Moore

* * *

Fui convidada para um casamento em que ele e ela eram divorciados. Terminada a cerimônia, o padrinho pediu silêncio para ler as mensagens de felicitações. Claro que o silêncio só durou até ser lido o telegrama da ex-mulher do noivo. Dizia assim: "Quer dizer que esta noite não conto com você para o jantar?"

Contribuição enviada por Marion Donovan, Inglaterra

* * *

Um dos dentistas com quem trabalhei decidiu tirar a tarde para montar um armário novo na cozinha do pessoal. Quando chegou ao cimento, ligou o furador na potência máxima, o que provocou um barulho enorme.

Nesse preciso momento, telefonou um cliente marcando consulta e perguntou o que era aquela barulheira toda. Quando lhe disseram que era o dentista que estava com dificuldades para abrir um buraco, fez-se um silêncio sepulcral, após o que o doente desligou.

Mari-René Thiede, Pretória, África do Sul

(In: *Seleções do Reader's Digest*, agosto de 1990, Tomo XXIX, n° 231.)

A ARTE DE VIVER

VICTOR HUGO - Escritor, poeta e político francês, nascido em Besançon. Consta que nenhum escritor dos tempos modernos, exceto Goethe, alcançou o êxito e a popularidade de Victor Hugo. Paralelamente a isso, teve uma vida pessoal e familiar marcada por fatos dramáticos. Na literatura teve a decepção de ver uma de suas obras - *Marion Delorme* - proibida pela censura. Aos 60 anos foi eleito senador. Morreu com 83 anos. Sua obra mais famosa é *Os Miseráveis*. (1802-1885)

> "É tão bonita a criança com seu doce sorriso, sua boa-fé, sua voz que tudo quer dizer, suas lágrimas logo acalmadas, oferecendo a todos os lados a jovem alma da vida."

A ARTE DE VIVER

Pratique a antevisão criativa

Dr. Norman Vincent Peale

Antevisão criativa... era a primeira vez que eu ouvia a frase. O psicólogo esclareceu:

— O problema deste jovem é que subconscientemente ele espera sempre pelo pior, de maneira que a sua mente tende a primeiro imaginar e depois criar uma situação de fracasso. É preciso ensinar-lhe a imaginar e esperar pelo melhor com inteira confiança. A prática da antevisão criativa deveria, ensiná-lo a acreditar em seu potencial próprio.

Claro que é um fato que tudo aquilo que no fundo esperamos, nós tendemos a conseguir. As esperanças continuadas atraem circunstâncias e acontecimentos correspondentes.

Quando o jovem começou a praticar essa técnica da antevisão criativa, coisas criativas começaram a acontecer. Durante um espaço de tempo demasiado longo ele viveu, cotidianamente, na triste suposição de que iria sempre *embananar as coisas.* Uma vez que esperava sempre tais resultados, provocava-os sempre. Depois surgiu esta nova idéia: antevisão criativa. Houve um período de experimentação e erros, mas ele aprendeu a pensar com confiança, e entrou a esperar por bons resultados. E, pouco a pouco, tal comportamento foi-se tornando habitual. Quando o jovem aprendeu que querer é poder, transformou-se por completo.

Passaram-se alguns anos desde que ocorreu a vital transformação nesse homem. Hoje em dia, ele é uma das pessoas mais bem sucedidas no seu setor e tem a seu cargo um vasto contingente trabalhista.

— A lei da antevisão criativa é uma coisa muito séria — declarou ele. — Sem nenhuma dúvida, salvou-me a vida comercial. Colocou-me no caminho certo. A prática da antevisão criativa fez-me passar da eterna expectativa de um desastre para a firme crença de que, afinal de contas, era capaz de desempenhar-me com eficiência.

Em todo raciocínio, em toda ação, assim como nas leis exatas da matemática e da física, todas as coisas são governadas por causa e efeito. Quando fazemos determinada coisa de determinada maneira colhemos determinado resultado. Tudo neste mundo funciona segundo certas leis, inclusive o próprio pensamento. Podemos nos aperfeiçoar usando leis funcionais, uma das quais é a lei da antevisão criativa ou crença em si próprio.

— A maior descoberta da minha geração — afirma o psicólogo William James — é que os seres humanos podem alterar suas vidas, alterando a atitude mental.

(In: *Você Pode se Acha que Pode,* dr. Norman Vincent Peale, Editora Cultrix, São Paulo, 1981.)

A ARTE DE VIVER

VINÍCIUS DE MORAIS - Poeta, diplomata e compositor brasileiro, nascido no Rio de Janeiro. Foi também cantor de música popular, tendo lançado vários discos com letras suas e em parceria com outros compositores. Além de poemas e composições musicais, escreveu peças para teatro e obras em prosa. Entre estas, incluem-se *Para Viver um Grande Amor* e *O Amor dos Homens*. Suas obras e composições musicais destacam-se pela multiplicidade dos temas: religiosidade e misticismo, problemas sociais e a mulher (sob um enfoque sensual). (1913 -1980)

> Ser alegre é melhor do que ser triste. A alegria é a melhor coisa que existe. É assim como uma forma de oração.

A ARTE DE VIVER

Meditação do riso

Shree Rajneesh

Todas as meditações são maneiras sutis para torná-lo embriagado pelo divino.

A primeira coisa a ser feita é rir, pois isto estabelece a direção para o dia inteiro. Se você acordar rindo, logo começará a sentir como a vida é absurda.

Nada é sério: até mesmo seus desapontamentos são risíveis, até mesmo sua dor é risível, até mesmo você é risível.

Todas as manhãs, ao acordar, antes de abrir os olhos, espreguice-se como um gato. Estique cada fibra do seu corpo. Após três ou quatro minutos, com os olhos ainda fechados, comece a rir. Durante cinco minutos simplesmente ria. No início, você terá que fazer isso acontecer, mas logo o próprio som da sua tentativa causará um riso verdadeiro. Perca-se no riso. Pode levar alguns dias antes que ele realmente aconteça, pois você não está muito acostumado com esse fenômeno. Mas logo ele será espontâneo e mudará toda a natureza do seu dia.

Para aqueles que têm dificuldade em rir totalmente ou sentem que o riso é falso, sugiro esta técnica simples:

Pela manhã, bem cedo, antes de comer qualquer coisa, beba quase um litro de água morna com sal.

Beba sem parar e rapidamente, do contrário não será capaz de beber muito. Depois, incline-se para frente e gargareje a fim de provocar o vômito. Você vomitará toda a água e isto limpará uma passagem em você. Nada mais é preciso. Há um bloqueio nessa passagem, por isso, toda vez que você quer rir, ela o freia.

No *yôga*, esse é um procedimento necessário. É chamado de "purificação necessária". E purifica tremendamente, limpa a passagem, dissolve todos os bloqueios. Você se sentirá bem e limpo durante o dia todo.

O riso, as lágrimas e até mesmo a sua voz virão do seu centro mais profundo.

Faça isso por dez dias e terá a risada mais gostosa da redondeza!

A meditação é um remédio,
o único remédio.
Por isso, esqueça seus problemas
e entre na meditação.

(In: *O Livro Orange*, Shree Rajneesh, Soma Arte e Edições, São Paulo, 1981.)

> Aprende as lições da derrota, sorria para a derrota, toma pé na derrota, cresça por meio da derrota, que a derrota se transformará em Vitória.

Purinton

A ARTE DE VIVER

Meditação: quem sou eu?

Jack Kornfield

Em muitas tradições espirituais, fazer repetidamente a si mesmo a pergunta: "Quem sou eu?" ou variações como "Quem está carregando este corpo?" é a prática central oferecida para o despertar. Mestres como Ramana Maharishi e grandes mestres zen da China e do Japão usaram a repetição dessa pergunta simples e profunda para orientar os discípulos na descoberta de sua *verdadeira natureza*. Afinal, essa é uma pergunta que todos nós precisamos nos fazer. Sem estar consciente dela, você toma muitas coisas como sendo sua identidade: seu corpo, sua raça, suas crenças, seus pensamentos. Contudo, com o sincero questionamento, muito depressa você se surpreenderá percebendo um nível de verdade mais profundo.

Embora a pergunta "Quem sou eu?" possa ser feita na sua própria prática de meditação solitária, ela também pode ser feita com um parceiro. Uma das maneiras mais eficazes de trabalhar essa pergunta é sentar junto com outra pessoa e repeti-la muitas vezes, deixando que as respostas se aprofundem à medida que vocês vão prosseguindo.

Para fazê-lo, sente-se confortavelmente diante do seu parceiro, procurando estar preparados para meditarem juntos por 30 minutos. Decidam quem irá fazer a pergunta durante os primeiros 15 minutos. Olhem um para o outro de maneira descontraída. Um começa a pergunta "Quem é você?" As respostas do outro devem brotar naturalmente, dizendo tudo o que lhe vier à mente. Depois que uma resposta é dada, o primeiro faz uma breve pausa e pergunta de novo: "Quem é você?" Ele continua fazendo essa pergunta repetidas vezes durante 15 minutos e depois trocam de papéis, dando ao parceiro um tempo igual.

À medida que essa pergunta é repetida, todos os tipos de resposta podem surgir. De início, talvez você se encontre dizendo "Sou um homem", "Sou uma mulher", "Sou um pai", "Sou uma enfermeira", "Sou uma professora" ou "Sou uma pessoa que pratica meditação". Depois é possível que suas respostas fiquem mais interessantes: "Sou um espelho", "Sou amor", "Sou um tolo", "Sou um ser vivo" ou muitas outras coisas. As respostas em si não importam; elas são parte de um processo de aprofundamento. Mas ouça as respostas com suavidade, cada vez que a pergunta lhe for feita. Se nenhuma resposta surgir, fique com esse espaço vazio até que uma resposta se manifeste. Se surgir a confusão, o medo, o riso ou as lágrimas, fique com eles também. Continue respondendo, de todo modo. Continue se abandonando ao processo. Desfrute essa meditação.

Mesmo nesse breve período de tempo, toda a sua perspectiva pode mudar e você pode descobrir mais sobre quem você realmente é.

(In: *Um Caminho com o Coração*, Jack Kornfield, Cultrix, São Paulo.)

A ARTE DE VIVER

SANTA TERESA DO MENINO JESUS - Religiosa nascida em Alençon, França. Desde a infância demonstrou inclinação religiosa. Aos 15 anos pediu autorização ao Papa para ingressar no Convento e se dedicar a uma vida de ascese religiosa. Seu nome de batismo é Teresa Martin, mas é conhecida como Teresa do Menino Jesus, em virtude de sua paixão por Jesus infante. É muito venerada pelos católicos e considerada padroeira principal das missões. É também padroeira secundária da França, ao lado de Joana D'Arc. Costumava anotar suas experiências religiosas e espirituais, as quais foram publicadas sob o título de *História de uma Alma*. (1873-1897)

"

Quando estiverdes alegre, não o seja com risos demasiados, mas com uma alegria humilde, modesta, afável e edificante.

"

A ARTE DE VIVER

Sorrir é o segundo mandamento da vida

R. Stanganelli

Sorrir com otimismo

A tradução pode ter falhas, mas este pequenino poema chinês, como as flores que não podem esconder seu perfume, transmite a encantada mensagem de um coração que soube mergulhar suas raízes no amor ao Próximo e no amor a Deus.

Ei-lo em toda sua deliciosa simplicidade que o envolve:

"O ser humano que não sabe sorrir, não é feliz, pois o sorriso é a manifestação de felicidade e do amor.

Um sorriso não custa nada e cria muito...

Dura um só momento, mas sua lembrança perdura por toda uma vida...

Não se pode comprá-lo, mendigá-lo, pedi-lo emprestado ou roubá-lo. E não tem utilidade enquanto não é dado!

Por isso, se no teu caminho encontrares alguém por demais cansado para dar um sorriso, deixa-lhe o teu... com otimismo, pois ninguém precisa tanto de um sorriso quanto aquele que não tem mais sorrisos para oferecer!"

Sorriso

Nas "situações e horas atribuladas" o ser humano chega a se esquecer até mesmo do sorriso puro e ingênuo de uma criança, que tanto anima, conforta e constrói.

Devemos fazer um esforço para nos reencontrarmos, tendo a criança como exemplo de confiança e esperamNq porque a criança tem o poder de unir e construir, através de seu mágico e puro sorriso. O "agora" dessas pessoas desnorteadas é um Nada e "estão fora de órbita". Você que está fora de órbita, revoltado, perdido, desequilibrado, pervertido, destroçado e inconformado: escuta! Ninguém vai morrer por você.

Perdeste o império do mundo? Ora! Não te aflijas, não é nada. Conquistaste o império do mundo? Ora! Não te alegres. Nada é nada. Dores e alegrias, fracassos e glórias, tudo passa. Tudo passa neste mundo, onde tudo é nada.

Você também vai passar e ficar bem esquecidinho. Portanto, sorria como uma criança. Tudo passa... Tudo passa na vida...

Gotas no oceano

Sorria
Não se irrite — Sorria
Não grite — Converse
Não ignore — Estude
Não desajuste — Harmonize
Não se lastime — Avance
Não complique — Simplifique

Não se marginalize — Trabalhe
Não se menospreze — Trabalhe
Não se queixe — Compreenda
Não se rebaixe — Eleve
Não escravize — Liberte
Não ensombre — Ilumine
Não reclame — Desculpe
Não desprimore — Dignifique
Não fuja — Permaneça
Não dispute — Conquiste
Não estacione — Renove
Não exceda — Domine-se.

Esqueça:
a observação maliciosa;
a referência pejorativa;
o apelo sem resposta;
a gentileza recusada;
o benefício esquecido;
o gesto áspero;
a voz agressiva;
a palavra impensada;
o sorriso escarnecedor;
o apontamento irônico;
a indiscrição comprometedora;
o conceito deprimente;
a acusação injusta;
a exigência descabida;
a omissão injustificável;
o comentário maledicente;
a desfeita inesperada;
o menosprezo em família...

(In: *Seja Otimista e Vença na Vida*, R. Stanganelli, Tríade, 1986.)

A ARTE DE VIVER

SUELY BRAZ COSTA - Empresária mineira da cidade de Uberaba, é graduada em Letras e durante muitos anos lecionou Português e Literatura.
Foi assessora de assuntos educacionais da Faculdade de Medicina do Triângulo Mineiro. Atualmente é Diretora de Vendas da Zebu Ecológica e presta consultoria de marketing. Em 1992, foi eleita a Empresária do Ano. É autora, entre outros, dos livros *De Bóia-Fria a Empresário Internacional* e *Administração Holística - A Intuição como Diferencial*, sobre os quais profere palestras pelo Brasil.

> **A alegria faz de qualquer pessoa um rei, porque as células respondem positivamente a cada sorriso, na saúde e na prosperidade.**

A ARTE DE VIVER

Anedotário de Abraham Lincoln

Seleções do Reader's Digest

O que Deus negou a Abraham Lincoln em beleza física, compensou dotando-o de admirável senso de humor. Nas horas boas e más, o seu espírito cômico estava sempre presente.

Os casos contados por Lincoln enchem hoje muitos livros. São quase tão numerosos como os que se contam a respeito dele. Na presente coletânea, encontram-se as melhores de todas as lendas e histórias sobre Lincoln, e estão reunidas de tal modo, que delas emerge um novo retrato de Lincoln em tamanho natural. Seu senso de humor tinha raízes profundas na sabedoria e no conhecimento da natureza humana. Ninguém será capaz de ler este tesouro de anedotas lincolnianas sem adquirir uma compreensão mais profunda do homem e do país que ele preservou.

O lugar ficava a 29 quilômetros de Elizabethtown, no Estado de Kentucky, bem no interior, onde eram raros os vizinhos e solitária a existência. Naquele inverno de 1809, Nancy esperava seu segundo filho. No dia 12 de fevereiro — um domingo — Thomas foi a pé até à cabana mais próxima, a três quilômetros de distância, onde vivia sua cunhada.

Quando ela apareceu na sala, disse-lhe no seu falar descansado:

— Nancy deu à luz um menino.

Estava presente Dennis Hanks, um primo de Nancy, de 10 anos de idade, e os acontecimentos daquela manhã impressionaram-lhe vivamente a memória.

— Mamãe ficou atarantada — recordava ele, alguns anos depois — e tratou de terminar logo o seu trabalho para ir cuidar do garotinho. Mas eu não tinha nada que esperar, e por isso parti e corri os três quilômetros para ver o meu novo primo. Nancy estava deitada numa cama de colunas e parecia extremamente feliz. Tom acendera um bom fogo e estendera uma pele de urso sobre os lençóis para aquecê-los.... Mamãe chegou, lavou a criança e vestiu-lhe um agasalho de flanela amarela e uma camisola de linho; cozinhou umas frutas secas em mel silvestre para Nancy, arrumou as coisas e voltou para casa. Foi essa a única ajuda que eles tiveram.

STEFAN LORANT

Perguntam-me freqüentemente se Abe foi uma criança bonita. Ora muito bem, ele a princípio era exatamente como qualquer outro recém-nascido: parecia uma cereja espremida. E não melhorou nada quando cresceu.

DENNIS HANKS

No ano seguinte à morte de Nancy, Thomas Lincoln viajou para Elizabethtown, no Estado de Kentucky, a fim de visitar a viúva Sarah Bush Johnston. Segundo o Juiz Samuel Haycroft, do Fôro de Elizabethtown, Thomas disse:

— Bem, Sr.ª Johnston, eu não tenho mulher e a senhora não tem marido. Vim com o propósito de casar. Conheço-a desde menina, e a senhora me conhece desde menino. Não tenho tempo a perder. Se aceita, vamos resolver o assunto agora mesmo.

Sarah respondeu:

— Tommy, eu o conheço bastante e não me recuso a casar com você. Mas não posso resolver agora mesmo porque tenho algumas dívidas e primeiro preciso pagá-las.

Provavelmente, Thomas saldou as dívidas, pois disse o Juiz Samuel Haycroft que na manhã seguinte — dia 2 de dezembro de 1819 — eles estavam casados.

WARD HILL LAMON

Um dia mais tarde, Thomas colocou os trastes de Sarah numa carroça emprestada e partiu para Indiana com a nova esposa e seus três filhos. O que a nova Sr.ª Lincoln encontrou em Pigeon Creek não era nada animador: uma cabana sem soalho e sem janelas, e as crianças — Abraham, a irmã Sarah e o primo Dennis Hanks — todas sujas e maltratadas. Sarah mandou que Dennis arrastasse para fora a banca de carpinteiro e a colocasse próximo ao cocho do cavalo, e que enchesse o cocho com água fresca. Ela mesma arranjou uma grande cuia cheia de sabão e uma outra para apanhar água, ordenando as crianças que se lavassem para o jantar.

Abraham queria muito bem à madrasta, e ela o adorava. Já na velhice, dizia ela:

— Nossos espíritos, por modesto que fosse o meu, pareciam pensar da mesma maneira, orientar-nos na mesma direção.

E Lincoln declarava:

— Tudo quanto sou, ou espero ser, devo à minha santa madrasta.

STEFAN LORANT

Abe era um bom menino, e posso dizer o que talvez só possa dizer uma mulher em cada mil. Isto: Abe nunca me deu uma resposta má ou um olhar genioso, e nunca se recusou a fazer o que eu lhe pedia. Gostava de aprender e lia qualquer livro que lhe caísse nas mãos. Quando encontrava um trecho que o impressionava, copiava-o em tábuas, caso não tivesse papel. E o guardava até arranjar papel. Depois tornava a escrevê-lo, olhava-o e lia-o em voz alta.

SARAH LINCOLN, segundo narrativa feita a William Herndon

Abe metia um livro dentro da camisa, enchia os bolsos da calça de bolos de milho e saía para lavrar ou limpar a terra. Ao entardecer, sentava-se embaixo de uma árvore, lia e comia. À noite, quando voltava para casa, recostava uma cadeira perto da chaminé, punha os pés na travessa e assim refestelado começava a ler. Tia Sarah acendia sempre uma vela para ele, colocando-a na prateleira sobre a lareira. Quase sempre Abe comia ali mesmo o seu jantar, aceitando tudo o que lhe permitisse ler e mastigar ao mesmo tempo. Vi muita gente chegar e ficar olhando para ele, sem que Abe lhe notasse a presença, até que o camarada ia embora dizendo: "Ora, macacos me mordam!"

DENNIS HANKS

Abe crescia como um pé de milho. Certa vez um dos rapazes da fronteira gritou-lhe, fazendo troça:

— Escute aqui, varapau: deixei cair minha faca na fonte e a água é muito funda para eu apanhá-la. Mas você que tem os braços compridos poderá alcançá-la facilmente.

— Não — respondeu Abe calmamente — o meu braço não é bastante comprido. Mas se eu ligá-lo ao seu, você mesmo poderá apanhar a faca.

Então, com um movimento rápido, suspendeu o zombador, carregou-o sob gritos e esperneios até à fonte e mergulhou-o de cabeça na água gelada. Quando as bolhas de ar começaram a subir, ele o puxou para fora, respingando e botando água pela boca.

— Um dia você me pagará, Abe Lincoln — berrou o rapaz, agitando o punho molhado.

— Acredito — respondeu Lincoln com sua fala arrastada — mas o que nunca mais fará é me chamar de varapau.

Youth's Companion

— E até quando acha você que poderia continuar comendo? — perguntou o moleiro.

— Creio que até morrer de fome — respondeu Lincoln.

Word-Herald de Omaha

Abe trabalhou para mim, em 1829, carregando forragem. Minha opinião é que ele era um grande preguiçoso. Ria, conversava, dizia piadas e contava histórias o tempo todo. Havia sempre um espaço de 30 centímetros entre a bainha de suas calças e as meias, o que deixava à mostra as canelas finas e azuladas. Um dia ele me disse que o pai lhe tinha ensinado a trabalhar, mas não a gostar do trabalho!

JOHN ROMINE, fazendeiro, segundo narrativa feita a William Herndon

Em l830, a família Lincoln mudou-se para o Illinois.

Um comerciante chamado Denton Offutt simpatizou com Abraham e contratou-o para trabalhar como caixeiro no moinho de um armazém em New Salem. Enquanto não chegavam as mercadorias de Offutt, Abraham perambulava pela cidade, sem ter o que fazer. O lazer nunca lhe foi pesado. Para ele, não havia nisso nenhum inconveniente, e com razão o teriam qualificado de mandrião, naquela época. Àqueles com quem convivia ele costumava dizer que era um pedaço de pau a flutuar e que, após um inverno de pesadas neves, descera o rio, carregado pela correnteza e flutuando ao léu, encalhando por acaso em New Salem.

WILLIAM HERNDON

Em 1832, durante a guerra dos índios Falcões Negros, Lincoln se alistou como voluntário e recebeu o posto de capitão. Não estando familiarizado com as táticas militares, cometeu muitos erros. Um dia, marchando com um pelotão de 20 homens através de um campo, pretendeu entrar no campo contíguo por uma porteira.

— Não havia meio — contava Lincoln — de eu me lembrar da voz de comando para fazer a companhia fazer alto. Quando finalmente nos aproximamos da porteira, gritei: "A companhia pode debandar por dois minutos. Depois entrará em forma do outro lado da porteira".

IDA M. TARBELL

Voltou da Assembléia Legislativa na primavera de 1835 e conheceu Ann Rutledge. Ele estava com 26 anos, ela com 22. A terra era para eles um descanso para os pés; o céu, um punhado de sonhos cor-de--rosa.

Veio o mês de agosto. O milho e a grama, regados pelas abundantes chuvas caídas em maio e junho, tinham parado de crescer à falta de novas chuvas. Nas madressilvas, os frutos rubros recusavam a alegrar-se. Chegavam em menor número as andorinhas.

Nos lares dos colonos havia frio e malária. Ann Rutledge estava de cama, ardendo em febre. E os dias foram passando. Trouxeram-lhe remédios, mas em vão. Em seus gemidos, ela chamava pelo único homem em quem pensava. Mandaram-no chamar e ele veio a cavalo de New Salem até à fazenda de Sand Ridge. Deixaram os dois a sós na cabana, pela última vez, durante uma hora, enquanto raios oblíquos de luz iluminavam o rosto de Ann pelo vão de uma porta de taliscas, que se achava aberta.

O enterro foi no cemitério de Concórdia, a 11 quilômetros de distância. Lincoln passou horas sentado, sem nada responder aos que lhe dirigiam a palavra. E todos se afastavam, sabendo que ele continuaria só, quer eles ficassem ali ou fossem embora.

Uma semana depois do sepultamento, Abe foi visto perambulando pela mata, ao longo do Rio Sangamon, murmurando palavras ininteligíveis. Observaram-no e procuraram protegê-lo, cercando-o de amigos de New Salem. Mas ele continuou vagando, soturno, afastando-se, indiferente aos amigos, para voltar ao cemitério a onze quilômetros de distância, onde se deixava ficar, com o braço pousado sobre o túmulo.

Pouco a pouco, à medida que passavam as semanas, voltou-lhe o antigo domínio de si mesmo, mas, segundo se dizia, a sombra do sofrimento que ele atravessara tinha-se fixado no fundo dos seus olhos.

CARL SANDBURG

Advogado da roça

Certa vez, desentendi-me com um vizinho por causa da linha de divisa de nossas fazendas. Fui ao escritório do Sr. Lincoln para contratar seus serviços e ele me disse:

— Se o senhor continuar com isso, arranjará inimigos que durarão gerações. O seu vizinho esteve aqui ainda há pouco, constituindo-me seu advogado. Por que vocês dois não ficam aqui, no meu escritório, conversando e tentando resolver o assunto, enquanto eu vou almoçar ? Para que ninguém os interrompa, fecharei a porta.

E assim fez, mas esteve ausente a tarde inteira. Nós dois, vendo-nos ali trancados, começamos a rir. Quando o Sr. Lincoln voltou, a questão estava resolvida.

Contado ao REV. N. W. MINER por um lavrador de Springfield

Um médico do Exército foi submetido à corte marcial e o seu advogado submeteu o processo à apreciação de Lincoln. O Presidente leu a acusação de "embriaguez" e comentou:

— Isso é mau, muito mau.

Mais à frente, ante a acusação de insulto a uma senhora", observou:

— Isso também é mau. Um oficial não deve insultar uma senhora, de maneira alguma.

Continuou lendo a denúncia e ficou sabendo que o oficial tentara beijar a senhora. Lincoln coçou a cabeça e encarou o advogado, dizendo:

— De fato, não entendo dessas coisas. Toda regra tem exceção, mas de um modo geral é muito difícil insultar uma senhora beijando-a. No caso, parece que o médico apenas *tentou* beijá-la. Pode ser que o insulto consista em ele não o ter conseguido. Não sei como interceder em favor de um homem que tenta beijar uma dama e não o consegue.

CARL SANDBURG

Num salão de festas, uma anciã fez-lhe esta pergunta:

— Como pode o senhor referir-se com bondade aos seus inimigos, quando devia antes dar cabo deles? A resposta de Lincoln, após olhar pensativamente o rosto da senhora, foi:

— Acaso não dou cabo deles quando os converto em amigos meus?

CARL SANDBURG

A lei da Libertação dos Escravos foi submetida a Lincoln ao meio-dia de 1.º de janeiro de 1863. Tendo-a à sua frente, ele por duas vezes pegou da caneta e tornou a pousá-la. Depois, voltando-se para William H. Seward, seu Secretário de Estado, observou:

— Desde às 9 horas da manhã venho distribuindo apertos de mão, e o meu braço direito está quase paralisado. Se algum dia o meu nome entrar na História será por esta lei, na qual ponho toda a minha alma. Se minha mão tremer quando eu assinar a Proclamação, todos aqueles que no futuro examinarem o documento dirão: "Ele hesitou."

Dito isso, voltou-se para a mesa, segurou de novo a pena e devagar, mas com firmeza, escreveu: Abraham Lincoln.

FREDERICK SEWARD, filho de William H. Seward

Durante a primeira semana de luta, ele quase não dormiu.... Um dia encontrei-o metido num roupão comprido, com as mãos postas atrás, profundas olheiras e a cabeça inclinada para a frente, andando de um lado para o outro do estreito corredor que levava a uma das janelas.

Naquele mesmo dia ouviu-se Lincoln exclamar em pranto:

— Oh, meu Deus! Meu Deus! Mais de 20.000 homens mortos e feridos!

CARL SANDBURG

(In: *Seleções do Reader's Digest*, julho de 1959, Tomo XXXVI, nº 210.)

A ARTE DE VIVER

MARTIN CLARET - Empresário, editor e jornalista. Nasceu na cidade de Ijuí, RS. Presta consultoria a entidades culturais e ecológicas. Na indústria do livro inovou, criando o conceito do livro-*clipping*. É herdeiro universal da obra literária do filósofo e educador Huberto Rohden. Está escrevendo o livro *O Infinito Jogo da Vida — Novas Tecnologias para Atualização do Potencial Humano*. (1928 -   ).

> **O riso é a mais barata e eficiente terapia para a infelicidade humana.**

A ARTE DE VIVER

Toulouse-Lautrec
(1864-1901)

Henri de Toulouse-Lautrec, — pintor da obra "A Inglêsa do Star no Havre", que: ilustra a capa deste livro — nasceu em Albi, sul da França, em 24 de novembro de 1864. Foi cercado de cuidados: estudou em casa, com professores particulares e com sua mãe. Tinha ossos mal formados e, antes de completar 14 anos, sofreu duas quedas consecutivas, com fraturas nos dois fêmures. Sua mãe, ao notar seu talento e diante da fatalidade, o estimulou. Ainda mais que o pintor René Princeteau, amigo da família, elogiou os primeiros quadros do jovem entrevado: *Artilheiro Selando seu Cavalo* (1879) e *Um Dog-Cart* (1880).

Estudou na Escola de Belas Artes de Paris, entre 1881 a 1887. Colega de Van Gogh no atelier de Cormon, vivendo à custa dos pais, mas decidido a encontrar seu próprio caminho, aluga um estúdio no bairro de Montmartre, em 1885. Começa então a freqüentar os circos, os bordéis, os bares e os cafés-concerto. No Moulin-Rouge ou no Mirliton ou em muitos outros, podia-se ver Lautrec bebendo e desenhando a *crayon*, noite a dentro, as silhuetas das bailarinas, garçonetes, palhaços e tipos boêmios. É desta época *A Dança no Moulin-Rouge* (1890).

Prefere, contudo, traçar agilmente, sobre cartão, obras que têm a espontaneidade do esboço, inaugurando assim a fase das litografias e dos cartazes publicitários que vão cobrir os muros de Paris, mostrando a Goulue (1891), Jane Avril (1893), Aristide Bruant (1893). Produz ainda charges e ilustrações para livros, jornais, revistas, programas de teatro e até cardápios.

A influência da estampa japonêsa, então na moda, o leva a uma arte pessoal, eqüidistante do impressionismo e do simbolismo, de traços mínimos e cores chapadas.

Novas paixões o empolgam: o mundo dos esportes no *Tristan Bernard no Estádio Buffalo* (1895) e o da prostituição na obra *No Salão da Rue des Moulins* (1894).

Esse homem feio, quase um anão (1,52m), de uma família nobre em extinção, nada negou de si ao espírito dissoluto da *belle époque*. De bar em bar, envenenando-se com licor de absinto, encontrou, porém, a beleza e a imortalidade.

Em 1898, ao regressar de uma viagem à Londres, é internado numa clínica, roído pelo álcool. Durante o repouso forçado, pinta de memória uma admirável série sobre o circo. Ao sair da clínica, logo recomeça a beber e seu estado se agrava. Morre junto à família, em Malromé, no dia 9 de setembro de 1901, aos 37 anos de idade.

Principais datas

1864 - Nasce em Albi, sudoeste da França.

1878/79 - Quebra ambas as pernas em duas quedas diferentes.

1882 - Muda-se para Paris; estuda nos ateliês de Bonnat e de Cormon.

1884 - Transfere-se para Montmartre.

1887 - Aluga um estúdio próprio e divide seu apartamento com o Dr. Bourges.

1888 - Pinta *No Circo Fernando*.

1889 - Inauguração do Moulin Rouge.

1891 - Desenha seu primeiro grande cartaz *Moulin Rouge: La Goulue* — sucesso imediato.

1892 - Pinta *No Moulin Rouge*.

1893 - Sua saúde declina; muda-se para o apartamento da mãe, em Paris. Desenha *Jane Avril no Jardim de Paris*.

1898 - Expõe em Londres e conhece o Príncipe de Gales.

1889 - Internado por alcoolismo numa clínica em Neuilly.

1901 - Morre em Malromé.

A ARTE DE VIVER

Última Mensagem

Martin Claret

Este livro-clipping é uma experiência educacional. Ele vai além da mensagem explícita no texto.
É um livro "vivo" e transformador.
Foi construído para, poderosamente, reprogramar seu cérebro com informações corretas, positivas e geradoras de ação.
O grande segredo para usá-lo com eficácia é a aplicação da mais antiga pedagogia ensinada pelos mestres de sabedoria de todos os tempos:
A REPETIÇÃO.
Por isto ele foi feito em formato de bolso, super-portátil, para você poder carregá-lo por toda parte, e lê-lo com freqüência.
Leia-o, releia-o e torne a relê-lo, sempre.
Invista mais em você mesmo.
Esta é uma responsabilidade e um dever somente seus.
Genialize-se!